織田信長の墓

瑞龍寺織田信長石廟（富山県高岡市）

廟の石材は凝灰岩（俗称笏谷石）で、壇上積の基礎の上に立つ切妻型石廟建築。内部に宝篋印塔を納める。信長は，初代藩主利長夫人（玉泉院）の父にあたる。（加藤理文）

豊臣秀吉の墓

豊国廟（京都府京都市）

明治 30 年（1897）の秀吉 300 年忌にあたり、豊国会によって造営された五輪塔。その設計は伊東忠太がおこなっている。高さ 3 丈 1 尺を測る。なお、塔前の一対の石燈籠は蜂須賀茂韶によって献燈されている。（中井　均）

徳川家の墓

久能山東照宮拝殿（静岡県静岡市）

久能山東照宮は徳川秀忠の命により、元和２年（1616）に造営が着工された。大工棟梁には中井大和守正清が任じられる。石の間を持つ社殿様式は権現造りの祖となった。（中井　均）

増上寺徳川秀忠廟　台徳院宝塔
（東京都港区、港区教育委員会提供）

２代将軍徳川秀忠〈台徳院伝興蓮社徳誉入西大居士〉戦災前の奥院宝塔。寛永９年（1632）１月24日、54歳（治世19年）で没し、三縁山増上寺に江戸で没した最初の将軍として埋葬された。以後、八角形３段の基礎と宝塔が将軍墓様式となる。（松原典明）

各地の江戸初期大名の墓

福岡藩祖黒田孝高(官兵衛・如水)墓・
崇福寺（福岡県福岡市）

碑文を伴う大形墓石としては九州最古の事例。この形態の採用には碑文を撰した対朝鮮外交僧、景轍玄蘇の指導があったと考えられる。大藩の藩祖たる威容を表現する「装置」である。

（美濃口雅朗・野村俊之）

高松藩主生駒親正夫妻墓・弘憲寺（香川県高松市）

城下の菩提寺に角礫凝灰岩製五輪塔が並ぶ。右が親正墓で高さ309cm。双方とも地輪に法名と息子の一正が慶長14年(1609)に建立したことを示す銘が刻まれていたという。（乗岡　実）

岡崎藩主本多家墓塔・撰要寺（静岡県掛川市）

左より初代康重（慶長16年〈1611〉没）、2代康紀（元和9年〈1623〉没）、3代忠利（正保2年〈1645〉没）の大型五輪塔である。横須賀藩主となった忠利の六男利長が岡崎より移したとされる。（松井一明）

初代弘前藩主津軽為信の霊廟内部・革秀寺（青森県弘前市）

初代弘前藩主津軽為信は、慶長12年（1607）に京で死去し、翌年、弘前の革秀寺に霊屋（重文）が営まれた。霊屋内には、金箔で荘厳された笏谷石製の越前式宝篋印塔が置かれている。（関根達人）

近世大名墓の成立

信長・秀吉・家康の墓と各地の大名墓を探る

大名墓研究会 編

雄山閣

近世大名墓の成立—信長・秀吉・家康と各地の大名墓を探る—　目次

はじめに

考古学の分野からの近世大名墓研究は、初めは江戸増上寺の将軍家墓所や地方では伊達政宗廟の発掘調査など、個別の発掘調査事例の分析から進展してきた。その後、平成二二年に坂詰秀一先生が主導する立正大学考古学研究室が「近世大名家墓所調査の現状と課題」と題したシンポジウムを開催し、主要な近世大名墓の発掘調査事例が集められ、考古学資料として全国の近世大名墓の詳細が明らかとなった意義は大きかった。その成果は、平成二五年刊行の季刊考古学別冊二〇号「近世大名墓の世界」に結実し、近世大名墓研究は飛躍的に進展した。また、江戸の上野寛永寺将軍家裏方墓所、地方でも深溝松平家七代藩主忠雄墓の発掘調査がなされ、詳細な考察のある大部の報告書も刊行され、江戸将軍家墓所と地方の近世大名墓を考古学の分野から比較検討することができる資料も充実してきている。

そうしたなか、西日本の城郭研究者を中心として、近世城郭だけでなく近世大名墓も考古学の分野から包括的に研究しようと、平成二一年に大名墓研究会（代表滋賀県立大学教授中井均）が組織され、彦根市で第一回目の研究会が開催され、滋賀・東海・北陸における近世大名墓の最新の調査事例が発表された。平成二二年の第二回目は熊本市で九州の近世大名墓、平成二三年の第三回目は鳥取市で中・四国の近世大名墓の調査事例紹介を中心に発表を重ねた。平成二四年の第四回目は台風襲来のなか高野山奥之院の近世大名の巨大供養塔について見学し、関西の近世大名墓と京都の貴族墓の調査事例を検討した。

このように四回目までの大名墓研究会は、東日本中心であった近世大名墓の調査事例に対して、西日本の近世大名墓の調査事例の蓄積をすることで一定の成果を上げ、全国的な近世大名墓を展開するための基礎資料を得ることができた。記念すべき五回目は、近世大名墓研究の本場である東京において、今まで集中的にあまり議論されることがなかった「近世大名墓の成立」というテーマに絞ってシンポジウムを開催することにした。不思議なことではあるが、近世大名墓の成立を追究するうえで欠かせない日本の近世社会を成立させた権力者である、織田信長、豊臣秀吉、徳川家康の墓所との比較検討を今まで全くしてこなかったことである。さらに、中世墓の終末時期、戦国大名墓との比較検討も全くなされていないことに気づいたのである。つまり、定型化した近世大名墓の研究は飛躍的に進みつつあるが、その前提となる戦国・織豊大名墓所との比較検討をしてこなかったことである。

これらをまず解決するために、狭川真一氏に中世墓の終末、とくに戦国武将の墓の終末の様相について、さらに戦国・織豊大名の供養塔が多数のある高野山の巨大石塔群の造塔時期についても検討してもらった。中井均氏には豊臣秀吉の豊国廟と久能山東照宮の家康廟の成立、討論で織田信長の墓所についての検討も進めた。坂詰秀一先生には日光東照宮の家康廟、そして江戸増上寺と寛永寺の将軍家墓所の成立の様相、松原典明氏には日本各地の成立期の近世大名墓についての発表を願った。岩淵令治氏には文献から見た近世大名の菩提寺と墓所の成立について語ってもらった。

以上の発表の成果から近世大名墓の成立が分かったかというと、謎が深まる一方で本書中の溝口彰啓氏が指摘したように、会場にきた人たちに明確な回答を示すことはできなかった。事務局一同非常に残念な思いをしたわけであるが、少しでもその成果を世に問うため発表内容を吟味し文章化してもらうと共に、さらには全国の近世大名墓の成立期の様相を加えて本書の刊行を企画したのである。

松井　一明（大名墓研究会事務局を代表して）

徳川将軍家墓所の形成

坂詰秀一

日本近世の武家政権の頂点に君臨した徳川将軍家の葬・墓制は、徳川幕府の権威の象徴であった。豪華壮大な霊廟建築、重厚な宝塔型墓標の造立は、その具現として認識することが出来る。しかし、徳川政権一五代二六五年間における様相を瞥見すると変容があり、時代の推移と思惟の変転などが反映され一様ではない。

徳川将軍の霊廟については、とくに建築史の立場から調査研究が行われてきた。阪谷良之進（一九三二）、田辺泰（一九三四・一九四二）、内藤昌（一九七二）の業績が知られている。歴史・仏教の視点による浦井正明（一九八三）の研究は、霊廟の成立と寛永寺史に視点をあてたものであり、また、秋元茂陽（二〇〇八）の徳川家全体の墳墓を悉皆調査し総覧した労作もあった。

他方、将軍墓の発掘調査の報告は、鈴木尚・矢島恭介・山辺知行（一九六七）などによって公にされ、徳川家をはじめ近世大名墓の調査指針として大きな役割を果たしている。さらに、高山優を中心とする港区立郷土資料館の一連の調査（一九九四・二〇〇六・二〇〇九）は、増上寺の将軍家の墓所調査の新たな研究の展開を告げたのであった。一方、寛永寺の徳川家の御裏方墓所の発掘調査が実施され（二〇一二）、増上寺の成果と共に徳川将軍家の墓制の実態が考古学的に明らかにされてきた。

徳川家の葬墓所は、日光山の東照宮と輪王寺、芝の増上寺と上野の寛永寺に設置され、初代家康（安国院）と三代家光（大猷院）は日光山、二代秀忠（台徳院）・六代家宣（文昭院）・七代家継（有章院）・九代家重（惇信院）・一二代家慶（慎徳院）・一四代家茂（昭徳院）は増上寺、四代家綱（厳有院）・五代綱吉（常憲院）・八代吉宗（有徳院）・一〇代家治（浚明院）・一一代家斉（文恭院）・一三代家定（温恭院）は寛永寺、一五代慶喜は谷中（寛永寺裏方墓所の北）に営まれている。

初代～七代にかけては霊廟を建立しているが、八代以降は一五代を除いて既存の霊廟に合祀される。八・一三代は五代、九代は七代、一〇・一一代は四代、一二・一四代は六代にそれぞれ合祀された。霊廟は、霊（御霊殿）と廟（御宝塔中心墓域）が分離されている初期の霊廟A型（初・二・三代）と両者が接近している四～七代の霊廟B型に大別される。A型は、山王一実神道に基づく大権現の家康霊廟を範とした型であり、二・三代霊廟も同様に構成されている。B型は、四～七代霊廟として同一平面上に接して霊と廟が並置された型であり、理仏供養礼拝と身仏礼拝の合一空間の形成である。A・Bともに霊屋は権現造で拝殿、相之間、本殿を配し、回忌・命日の礼拝の場として機能し、仏式供養の空間であったと考えられる。霊廟B型は、一七世紀後半の四代家綱にはじまり、一八世紀前半の七代家継まで四代にわたって造営された。

廟の地上施設として宝塔型の墓標が置かれた。宝塔は、初代～一四代まで変わることなく用いられた。初代の多重塔は木造①で二代が元和三年（一六一七）に造立したが、三代によって寛永一八年（一六四一）に石造②が造られ、天和三年（一六八三）には銅造③が造立された。二代の宝塔は木造で三代が寛永九年（一六三二）に造立、三代の宝塔は石造①であったが、初代②と共に天和三年（一六八三）の地震で倒壊し、五代が銅造②で造立した。四代の宝塔は、延宝九年（一六八一）に五代が銅造で造立、五代の宝塔は、宝永六年（一七〇九）に六代が銅造で、六代の宝塔は、正徳三年（一七一三）に七代が銅造で造立した。七～一四代は、石造宝塔が造立された。初代の木造多宝塔①は三代により移築され、石造②を経て銅造③となり、三代の石造は銅造に造り変えられた。四・五・六代はともに銅造であった。七代が八歳で夭折したときの、将軍墓標は二代の木造以外は銅造であった。

吉宗（八代）は、霊廟の造営と銅造宝塔の制作を停止し、先代霊廟への合祀、宝塔は石造と切り替えた。一八世紀前半（享保二年〈一七一七〉）のことであり、幕府財政の窮乏対策に腐心していた享保の改革の真最中であった。宣なるかな、将軍の率先垂範が斉した結果である。

徳川将軍の葬墓は、初代～三代の霊廟A型の造営時、四～七代の霊廟B型の造営時、八～一四代の霊廟造営停止合祀の時に大別される。また、墓標の宝塔を石造から銅造塔に変えた五代、それを踏襲した六代までと、それ以降の石造塔の造立と二大別される。木→石→銅→石と宝塔の材質は変化したが、塔形は変わることがなかった。宝塔型の採用は初代～三代が天台宗の天海を通じて帰依していた法華経の思想にあったことが推察される。また、二代の木造宝塔は、八角三重の台座上に置かれ、八角覆屋に覆われていた。初代と二代の霊廟の構造規範は、前者が神式、後者が仏式とされているが、宝塔の基壇は八角形であり、以降、一四代まで共通である。八角平面こそ徳川将軍墓の形成にとって特性であった。八角形は「法華曼荼羅図」に依拠する、と説いた浦井正明（一九八三）の見解はきわめて魅力的である。兵庫県太山寺蔵の「法華曼荼羅図」（鎌倉時代）は、三重の院壇上、内院の八葉蓮華の上に釈迦・多宝二仏並座、第二院壇に十六菩薩、第三院壇に諸天・龍王・明王を画く。内院八葉は胎蔵界の中台八葉蓮華、第二、第三院壇は金剛界に相似する。八角基壇のあり方はその具現であり、その上に宝塔を造立してい

表１　徳川将軍歴代墓所（地上施設）

代	将軍	卒年	墓　所	宝塔の原材	基壇平面形状と段数	備　考 銅造の時期 と霊廟合祀
初代	家　康 （1542～1616）	75	駿河・久能山 日光・東照宮	木造→石造 →（銅造）	八角　９段 上４段銅 下５段石	→銅 天和３年（1683） 綱吉造立
２代	秀忠 （1579～1632）	54	増上寺	木造	八角　３段　木	
３代	家　光 （1604～1651）	48	日光・輪王寺	石造→銅造	八角　９段 上４段銅 下５段石	→銅 天和３年（1683） 綱吉造立
４代	家　綱 （1641～1680）	40	寛永寺	銅造	八角　８段 上４段銅 下４段石	延宝９年（1681） 綱吉造立
５代	綱　吉 （1646～1709）	64	寛永寺	銅造	八角　８段 上４段銅 下４段石	→銅 宝永６年（1709） 家宣造立
６代	家　宣 （1662～1712）	51	増上寺	銅造	八角　８段 上４段銅 下４段石	→銅 正徳３年（1713） 家継造立
７代	家　継 （1709～1716）	8	増上寺	石造	八角　３段　石	
８代	吉　宗 （1684～1751）	68	寛永寺	石造	八角　３段　石	合祀→綱吉
９代	家　重 （1711～1761）	51	増上寺	石造	八角　３段　石	合祀→家継
10代	家　治 （1737～1786）	50	寛永寺	石造	八角　３段　石	合祀→家綱
11代	家　斉 （1773～1841）	69	寛永寺	石造	八角　３段　石	合祀→家綱
12代	家　慶 （1793～1853）	61	増上寺	石造	八角　３段　石	合祀→家宣
13代	家　定 （1824～1858）	35	寛永寺	石造	八角　３段　石	合祀→綱吉
14代	家　茂 （1846～1866）	21	増上寺	石造	八角　３段　石	合祀→家宣
15代	慶　喜 （1837～1913）	77	谷中墓地	土	円	

る。なお、歴代の将軍正室の宝塔は、塔身平面八角を採用し、基壇は正方形である。将軍墓と正室墓に見られる八角相似は注目されるであろう。

二代が造立した初代の多宝塔、三代が造立した二代の宝塔は、ともに木造であった。墓標は不朽性の石造が多いが、木造による造立は、建築意匠そのものであり、初代・二代の墓塔としては似つかわない。大形の木造五輪塔として知られる金剛寺（神奈川）の伝源実朝供養塔、富士五山の大石寺、西山本門寺（静岡）に伝存する多数の木造五輪塔は位牌としての供養塔である。それらの中～近世の木造塔は堂塔内安置を意図した供養塔であり墓塔ではなかった。徳川初代と二代の木造塔の造立は稀有な例であり、とくに二代の木造宝塔は、八角の中央に安置され転輪聖王の塔として相似しいものであったと言えよう。

地下構造については、増上寺で発掘された二・六・七・九・一二・一四代の各将軍墓の資料が知られている。共通しているのは、石室を設け、木・銅の棺が見られることである。

二代は、石室中に木棺、六代は石室・石槨・銅棺・木棺、七代は石室・石槨・銅棺・三重入子木棺、九代は石室・石槨・銅棺・五重入子木棺、一二代は、石室・石槨・銅棺・二重入子木棺、一四代は石室・石槨・銅棺・三重入子木棺である。室と槨の間、槨と棺の間には、石灰・三和土漆喰・木炭・砂利が充填され、棺内には木炭・石灰が見られ、二代と一四代以外には朱が量の多寡はあれ充填されていたようで三・八代は文献で、六・七・九・一二代は発掘で確認されている。このように、将軍墓の特性として銅棺の使用、朱の充填がとくに注目されるが、また入子木棺の使用も特徴的である。

副納品として注目されるのは、九代・一二代・一四代の石室と石槨にの間に納められていた一字石経である。一字石経は礫石経とも称され、一石に一字宛、経文文字を書写した写経であり、一字写経石と称する経石で方解石が使用され、多くは片面に漢字一字、梵字種字が書かれているが両面に書かれた例も含まれている。経典は浄土三部経と推定され、文献などの記録に見える寛永寺将軍墓（三・八代）の法華経と対照的である。増上寺と寛永寺の宗派の依拠経典の相違であろうか。

墓誌は、六代は銅棺の蓋裏、七・九・一二・一四代は石室の蓋裏面に官職名・生年月日・在位期間・薨去年月日・没年令・勅首贈位・賜諡号・謹誌者名が陰刻されている。

副葬品は、二代棺内（夜着三・小袖九など）・棺外（鉄砲一・口薬入れ一・オランダデルフト燥管形容器一・薬香炉一）、六代銅棺内（打敷）・木棺内（褥・衾〈掛け布団〉のほか、朱〈バケツで約七杯分〉・笏・飾太刀一・衛府太刀一・紙入れ〈日時計・小道具・香道具入れ〉など）・棺外（寛永通宝約三〇枚）、七代銅木棺内（打敷・衛府太刀一・飾太刀一など）、九代銅木棺内（打敷・蒲団・曲物・手箱〈鋏〉・飾太刀一・笏・石帯・枕・褥・表袴・白木箱など）・棺外（経石〈二万個以上か〉）、一二代銅木棺内（卒塔婆・銅製阿弥陀像・数珠、木棺内〈敷布団・夜着・刀袋・袍・下襲・半臂・単・衵・表褥・単衣・帯・下帯・褥・笏・飾太刀・独楽・石帯・鋏など〉、朱）、一四代銅木棺内（銅木棺の間〈笏・石帯・人形・数珠〉、木棺内〈如意・飾太刀・寒暖計・懐中時計・檜扇・衣料類など〉）、以上列記の副葬品はごく一部であるが、保存の状況により遺存物の相応の違いがあるのは当然のことである。

発掘された将軍墓の状態について見ると、将軍墓の特性を窮い知ることができる。未発掘の将軍墓においても、地下構造のあり方、墓誌の存在などほぼ同様であろう。将軍墓の特徴は、発掘資料とともに伝存している文献史料（記録・絵図・見取り図など）と対比検討することがある程度可能であり、これらの史料を用いた研究の進展が期待される。

徳川将軍の正室・子女・生母・側室などの裏方の墓所についても増上寺で将軍墓と同時に発掘された。さらに、近年、寛永寺の御裏方墓所の発掘調査も実施され報告書が刊行された（二〇一二）。一方、御三家・御三卿家における墓所についても一部が発掘されている。これらを統括した研究進展が期待されている

（二〇一三）。あわせて、近世大名家の江戸・国許・高野山における葬墓制の研究が進んでいる（二〇一三）。

【引用・参考文献】

阪谷良之進　一九三二「芝徳川家霊廟　—附権現造について」『建築雑誌』五八八、一九三八「芝徳川家廟所」『史蹟名勝天然紀念物』一三—九
田辺　泰　一九三四「芝・上野徳川家霊廟」東京府史蹟保存物調査報告書一一、一九四二『徳川家霊廟』彰国社
浦井正明　一九八三『もうひとつの徳川物語—将軍家霊廟の謎—』誠文堂新光社、二〇〇七『上野寛永寺将軍家の葬儀』歴史ライブラリー二四三、吉川弘文館
秋元茂陽　二〇〇八『徳川将軍家墓碑総覧』パレード、ほかに一九九八『江戸大名墓総覧』金融界社
鈴木　尚・矢島恭介・山辺知行　一九六七『増上寺徳川将軍墓とその遺品・遺体』東京大学出版会
港区教育委員会　一九九四「増上寺寺域第1遺跡の発掘調査」港区文化財調査集録二、二〇〇六『増上寺寺域第2遺跡発掘調査報告書』四三、二〇〇九『増上寺徳川霊廟』平成二一年度港区立港郷土資料館特別展図録、髙山　優ほか　二〇一二『台徳院霊廟跡の考古学—増上寺寺域第2遺跡とその周辺—』港区考古学ブックレット3
安藤孝一・今野春樹　二〇一一「増上寺徳川将軍墓出土の礫石経調査—浄土三部経墨書の可能性—」『鴨台史学』一一
寛永寺谷中徳川家近世墓所調査団　二〇一二『東叡山寛永寺徳川将軍家御裏方霊廟』吉川弘文館
髙山　優　二〇一三「東日本の大名墓・関東」「大名墓を歩く　増上寺」坂詰秀一・松原典明編「近世大名墓の世界」『季刊考古学』別冊二〇、雄山閣
今野春樹　二〇一三『徳川家の墓制』北隆館
坂詰秀一・松原典明編　二〇一三「近世大名墓の世界」『季刊考古学』別冊二〇、雄山閣

中世武士の墓の終焉と高野山大名墓の成立

狭川真一

一　中世武士の墓の終焉

㈠武士の墓、成立と展開

一二世紀末、政権が武士の手に落ちたころ、天皇や貴族の埋葬型式は墳墓堂が中心だった。武士で最初に政権を握った源頼朝の墓にも墳墓堂が採用された。隣接する義兄弟の北条義時もしかり、頼朝に協力して平泉を攻めた足利義兼も赤御堂と呼ばれる墳墓堂を採用したようである。それ以前、平泉で栄華を誇った奥州藤原氏も中尊寺金色堂の須弥壇内に埋葬されたことは著名であり、現存する墳墓堂の事例として貴重である。彼らの出自を辿ると、多くは貴族の系譜上にあり、その採用の背景が理解できるが、時代の趨勢としても墳墓堂が社会の最上位階層の埋葬型式であった。

その後、上位階層の墓所は石塔へと変遷する。足利氏の樺崎寺跡や北条氏の称名寺などが好例であり、大型の石塔が立ち並ぶようになる。朽ち果てる墳墓堂では恒久性は期待できず、時の流れとして武士が所領を治めるにあたって、墳墓はその継続性の象徴となり、宗教的背景だけでなく、政治的な意図をもって造立された。その点で大きな石塔が並ぶ姿は、当時の社会にはインパクトがあったと思われる。また、石塔内や地下への埋納が主体となり、火葬が主流になってくるようである。

地方の小規模な領主層では、区画墓（石組墓）が造営される。一二世紀末から一三世紀中頃までには各地に出揃うようだが、当初は明確でしっかりした区画の墓を造営し、やはり火葬が主体であり、個別に蔵骨器も埋納されている。区画は世代を経過すると古い墓の一辺を利用して連結するように拡張してゆく。この作業で墓地は巨大化するものの、個性は失われてゆく。最終的には、集石程度の簡素なものが登場するほか、蔵骨器も埋納されなくなる。直接土中に遺骨を埋納した可能性もあるが、その痕跡を確認できる事例は少ない。また、小型の石塔や一石五輪塔、石仏が登場する事例もある（図1・2）。

さて、先ほどの大型石塔を主体にした墓地も、時代の経過とともに石塔の小型化がすすむ。それと同時に量産化する傾向も見えてきて、石塔の個性も消えてゆく。古い石塔には塔内に遺骨を埋納する施設を保有するものも多かったが、小型化が進む過程でそうした施設はほとんど消えてしまう。一石五輪塔のような組み合わせが崩れないコンパクトなものでは、構造上はじめから塔内納骨は意識されていない。石組墓と同じように地下への埋葬痕跡も明確ではなくなる。ここでも埋葬の主体はどこへ行ったのかわからなくなる場合が多い。

では、火葬され拾骨された遺骨はどこへいくのか、考古学的には未だ明確にはなし得ていない。、地下への埋葬が不明確になる反面、上部標識として小型の石塔や石仏、あるいは一石五輪塔などが立てられている事例が増加する。この風景は、墳墓堂から大型石塔へと移行し、小型化、量産化した一族墓と、石組墓から派生した墓地とが、外見的に何ら変わらぬものとなっていることに注意すべきである。

また、この事実は石塔や石仏が供養の象徴であり、遺骨の埋納は別の場所で行われていた可能性を想定させる。この「別の場所」を明確にはできないが、おそらく著名な霊場や一族の共同納骨所、菩提寺の納骨堂などへの埋納が候補となる。

さて、納骨霊場の代表格として高野山奥之院がある。一二世紀後半頃に一部の上流階層によって開始された納骨は徐々に裾野を広げ、室町時代から戦国時代頃には小型五輪塔や一石五輪塔の造営が象徴するように膨大な数にのぼる。その発見数は未だ増加過程にあり絶対量は不明であるが、一〇万という単位では少ないであろう。この状況は、後述の大名家五輪塔群成立の下地にもなっていると考えるので、以下に概要を整理しておこう。

高野山奥之院における五輪塔の盛衰は、『紀伊国金石文集成』および『同―続編―』(以下『集成』、『集成―続編―』とする)のデータを解析すると具体的に見えてくる。詳細な検討は別に行った[1]のでそれを参照いただくとして、ここでは表1を参考に、数量的な推移だけを見ておくことにしよう。表1は、『集成』、『集成―続編―』掲載の組合せ式五輪塔(表や以下の本文では五輪塔とする)と一石五輪塔から一〇年単位で抽出したものである。

一四世紀末期から一五世紀半ばをピークとして造営される五輪塔は、表では見えないが、一四世紀後

表1　高野山奥之院における五輪塔・一石五輪塔の年代別数量

年代	五輪塔	一石五輪塔
1251～	1	
1261～		
1271～		
1281～	5	
1291～	4	
1301～	11	
1311～	6	
1321～	16	
1331～	14	
1341～	19	
1351～	12	
1361～	19	
1371～	20	
1381～	26	
1391～	53	
1401～	42	
1411～	49	
1421～	46	
1431～	26	1
1441～	47	6
1451～	33	
1461～	21	5
1471～	29	51
1481～	22	51
1491～	21	58
1501～	11	69
1511～	9	64
1521～	4	38
1531～	3	28
1541～	2	19
1551～	2 ※	12
1561～	1 ※	14
1571～	6 ※	23
1581～	15 ※	14
1591～	11 ※	3
1601～	14 ※	2
1611～	14 ※	1

『集成』・『集成―続編―』より抽出。
※印は大型石塔がその大半であることを示す。

半頃から小型化が定着し、その終焉期まで地輪の高さが二〇センチに満たないものが多い。その斜陽期に一石五輪塔が登場し一五世紀後半から一六世紀前半にピークを迎えるが、これも塔高が四〇～五〇センチのものが主体であり、通常の五輪塔が完存した場合の規模とそれほど大差ないものである。この両者は銘文の表記法も類似し、しかも一定量の逆修塔を含んでいることから、その用途は類似したものとみて問題ない。さらに書籍の性格上、無銘資料は掲載されていないため実数はこの何倍にもなる。

これらの石塔類は現在、奥之院の御廟近くに集積されているが、実際には奥之院の随所で確認されるのである。この造塔自体は納骨に伴うものであろうと推定されるが、他所の中世墓と同様に地下遺構とセットで確認された例はない。ここでも納骨と造塔が別の場所だったことを視野に入れる必要がある。土地利用の面で、奥之院のかなり広い範囲がすでに造塔に利用されていたことを認識しておくことも重要である。

(二) 武士の墓の終焉

一六世紀にはいわゆる中世墓と呼ばれるものは終息し、遺跡化する。この頃に墓の造営を停止することは、これまで造営してきた一族がその場に墓を継続して営むことを阻害する要因が発生したと受け止められる。伊藤久嗣氏はこれを在地領主制の崩壊と位置付けた（伊藤一九七八）。現在では在地領主の理解が変化していることもあり、単純には説明できないかもしれないが、大きな流れとしてこの意見は今も支持されるべきだと考える。

その後、墓は姿を消す。正確には考古学的に姿を消すと言えようか。実際には墓はない訳ではないので今後確認される可能性は高いが、上述したとおり墓は簡素化、量産化され、埋葬される人々の平準化が進行する。領主の墓を巨大で立派なものにする時代は終わった。つまり墓が長く保有してきた権威の

図２　中世後期の石仏（1/12）
（三重県伊賀市、市田 2012 より）

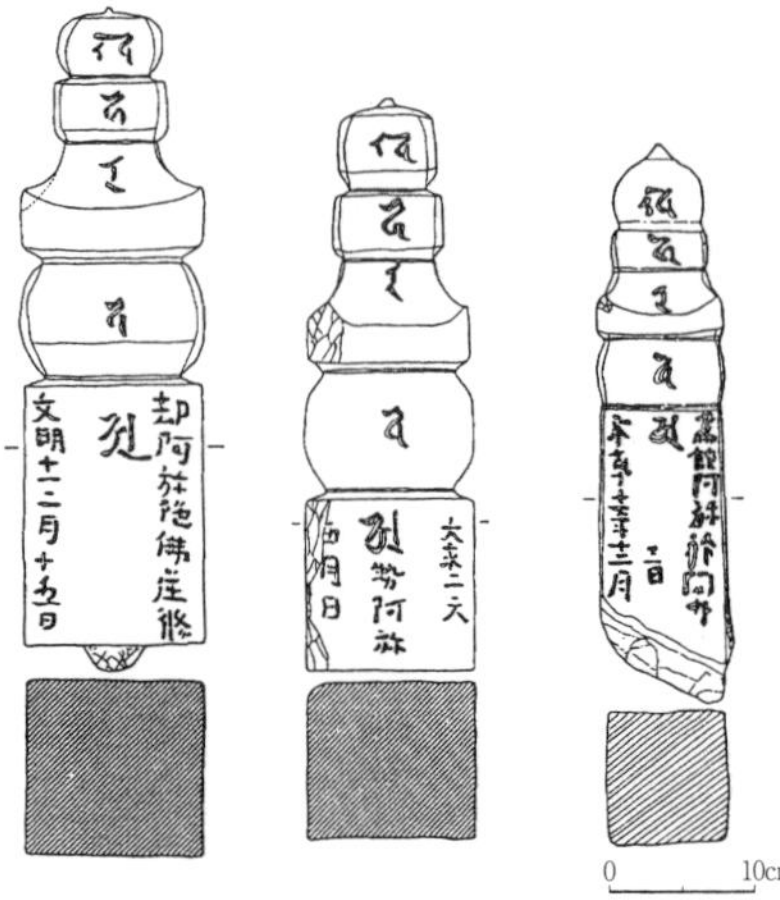

図１　高野山の一石五輪塔
（木下 2012 より）

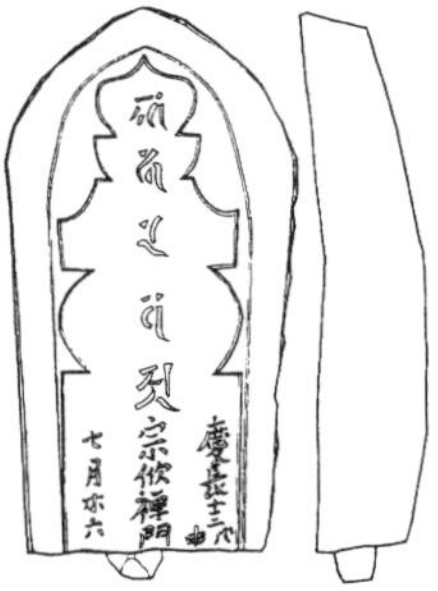

図３　舟形五輪塔（1/20）
（奈良県元興寺、木下 1967 より）

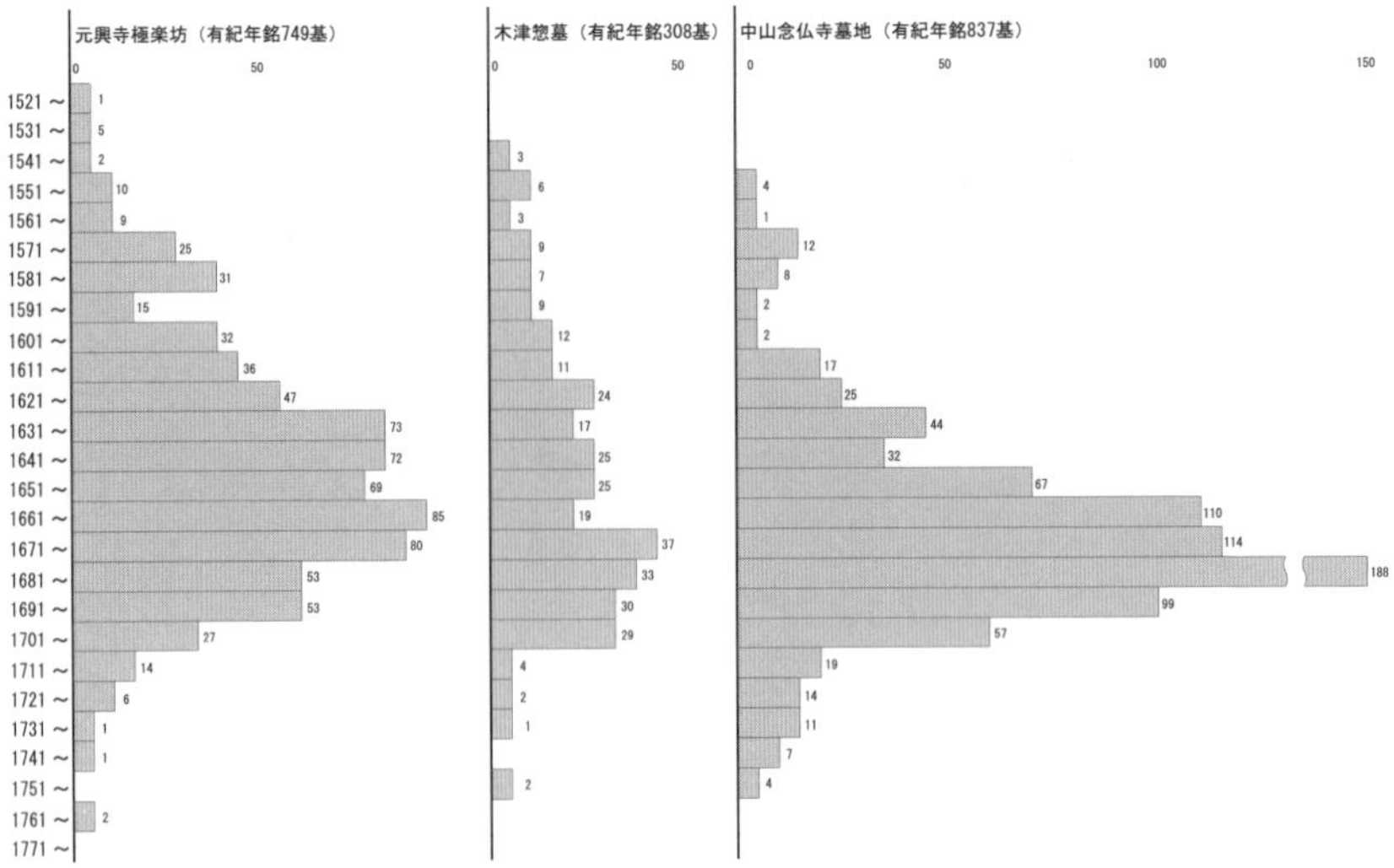

図４　舟形五輪塔年代別出現数（狭川 2003 より）

象徴的な性格は、すでにこの時代に至っては必要のないものとなっていたのである。

ただ、奈良盆地周辺ではこれに続く一七世紀の墓の様相も知られている。舟形五輪塔の登場である。表面には法名と没年月日程度しか記載されないので、それによって供養された人物の階層を知るのは難しいが、奈良町の中心に位置し、都市民の納骨も受け入れていた元興寺極楽坊にある舟形五輪塔（図3）の出現・ピーク・終焉という流れは、奈良盆地の東部農村地帯にある中山惣墓や奈良の北側にある南山城地域農村部の木津惣墓での出現傾向とほとんど変化のないことが知られる（図4、狭川二〇〇三）。

つまり、舟形五輪塔は都市民や農民の墓石であると言え、その規模の大小は身分や経済力を反映するもの（村木二〇〇四）であり、もはや権威の象徴ではなくなっている。

このように一六世紀で武士の系譜を引いた一族の墓所は終焉を迎え、それに代わるように庶民の墓石も出現すると言えるが、終焉期に近い武士の墓はすでに平準化が進んでいて、墓の持つ権威の象徴性は失われていることがわかる。戦国武将と呼ばれる人の墓の実態は、近世になって顕彰的に造立されたものや、古い石塔に仮託したとみられるものが多い。それはこうした社会的背景のなかで、巨大な墓を造営しなかったことに起因するとみられる。

㈢ 墓の権威、復活

しかし、江戸時代に入ると大名の墓が登場する。立派な霊廟や巨大な石塔を建立するものがほとんどだが、加賀前田家のように古墳のような形状や規模を確保するものも登場する。再び、墓そのものに権威の象徴性が復活するのである。さらに大名墓の周囲には家臣の墓地も造営され、いずれも立派な石塔や石碑を建てているが、死後も生前の序列は続き、大名と家臣、庶民ではその格差は一目瞭然である。

個々の大名墓の成立背景をいまここで語る力量はないが、江戸幕府政治の成立とともに出現し、各地へ拡大するようである。

その契機となったのは何か。徳川家康の霊廟造営はもちろんのことだが、おそらく豊臣秀吉の巨大な墓所造営、さらにはその秀吉が陣頭指揮を執ったとされる、織田信長の盛大な葬儀と墓所建設が最大の契機になったと考えたい。信長が手中にしかけた天下取りを、秀吉自身が引き継いでいることを知らしめるには、信長の葬式を秀吉主導で執行することこそ、権力の継承を主張し周知させる最も象徴的な手段だったのである。

ここに、天下を治め、一族の権威を後世まで象徴し続けるものとして、巨大な墓が復活するのである。

二 高野山大名墓の成立

(一)高野山大名墓調査の現状

江戸時代の大名墓は、各藩でそれぞれ事情が異なるので一口に語るのは難しいが、概ね国元、江戸、そして高野山に造営されている。なかでも高野山奥之院は大名墓の集中地点であり、日野西眞定氏の整理によると、一九世紀前半段階で一〇九の藩が建塔しており、これは総藩数の四二%に該当するという(日野西一九九〇)。現在の奥之院を見ると、入口にあたる一の橋から弘法大師御廟近くの御廟橋までの間の参道沿いに、ところ狭しと石塔群が並んでおり、参道左手は山側奥のほうまで密集している状態である。この中で大名墓は、規模の大小はあるものの藩ごとに一定の範囲を墓所と定め、石柵を巡らして墓域を囲い、正面に鳥居を据えて結界し、その中に大型の五輪塔を複数基並べる姿が一般的である。

この石塔群については早くから注意されてはいるものの、全貌を把握した報告は皆無であり、銘文についても『集成』、『集成―続編―』は慶長末年までの記録に止まっている。文献史料では、高野山に「埋葬」した事例が見出だされているが、一七世紀の事例に限られる（岩淵二〇〇四）という。しかし、その考古学的な調査はまだ行われていない。

個別の大名家墓所で考古学的な調査が実施されたのは、弘前藩津軽家と松江藩堀尾家のわずか二件であり（岡本・井上一九八八、西尾・稲田・木下二〇一三）、発掘調査が行われたのは津軽家だけである。したがって、高野山における石塔内部および直下の様相を把握することは現状では難しく、地下に埋葬主体があるのか否かは判然としない。ただ、津軽家の事例を見ると、石塔内部は重量軽減に伴う空洞はあるものの、納骨用に穿たれたような穴はなく、地下の調査においても遺髪を入れた甕が五輪塔直下で発見されたのは一基にとどまり、他に甕の出土はあるが石塔には伴っていなかった。この事例を見る限り、少なくとも津軽家墓所では分霊墓（関根二〇〇二）が主体であったと思われる。

また、高野山では何らかの事情で江戸時代の成立段階から現代までの間に、各藩の墓所や石塔が場所を移動しているものも多い。津軽家墓所は発掘によってその事実が認定されたが、奥之院の風景を描いた絵図（日野西一九八三）を眺めても、時代によって明らかに墓の位置が移動しているものもある。調査が実施された堀尾家も後世に大幅な改変整理が行われ、古い位置の一部は踏襲するものの、現在は鳥居や石柵は失われ、絵図の記載よりも石塔数が半分程度に減少している（西尾・稲田・木下二〇一三）。こうした著しい移動が顕著にみられることは、高野山奥之院における大名墓成立初期の姿を探るうえで大きな困難を与えるものである。

(二) 戦国武将の墓を探す

先に示した表1を参照すると、一六世紀中頃以降には一石五輪塔に代わって再び五輪塔の数が増え始める。そのほとんどが大型の石塔であり、これを踏まえて表2を用意した。表2は『集成』、『集成―続編―』から一六世紀後半の大型五輪塔を抜き出したものである。この表にあるすべての石塔を現地で視認できた訳ではないのでやや不安な要素も残っていることを前提に、注意すべき点を抜き出しておきたい。

まず、銘文に対して石塔の型式が明らかに新しいものが存在することである。表2では※印で示しているが、その典型例として織田信長墓がある。石塔の形態から明らかに江戸時代中期頃のものであり、しかも信長の戒名の一部を誤記している。さらに本塔は、近世の絵図に記載された位置は現在とは全く異なる場所であり、何らかの理由で当初の位置を動いている。もう一つ、武野紹鴎墓もその例に属するであろう。奥之院参道脇に並ぶ七ツ石塔と称されるほぼ同型同大の五輪塔が七基並ぶ中に位置し、最も新しい銘を有するものは、慶長一七年（一六一二）である。表面は梵字の代わりに地水火風空の漢字を記載している点も共通しており、同時に七基の石塔を建立して過去の人物を顕彰したものと考えたい。

同様に年号と石塔の型式が合わないもののなかに、逆修の銘を有するものがある。逆修は生前に供養、建立するものだが、例えば石田三成墓では石塔は江戸時代中期頃のものだが、年号は三成生前の年代で問題なく、かなり意識的に造営したことがうかがえる。同じことは豊臣家墓所内にある淀君逆修塔でも言え、近世に入って顕彰・供養するにあたり、わざわざ逆修を行ったかのように見せかけている。その背景には、逆修の持つ功徳の大きさがあると思われる。

石塔に記載された年代と塔の型式が近接するものの、石塔自体が部材の寄せ集めであるものや、近似した時期の塔を再利用したかのような事例もある。武田信玄・勝頼墓がそれに該当し、勝頼墓は明らかに近世の塔の寄せ集めであるが、信玄の塔は地輪下の受花を除くとそれほど離れた時期の所産とは思えない。しかし、銘文の記載方法が両者でほぼ一致しており、この点を重視するならば、近世に入り、無銘の古い塔を利用して記銘したことも考えられる。

こうした点に注意して表2を再検討すると、最初の光明院逆修塔は「結衆中造立」と見えるので講集団による造営とみられ、武将に限らず個人の石塔ではない。その他の多くも、近世に入ってからの造営であるものや、古い塔に仮託したことを疑わせるものである。これらを除外してゆくと、表中でおそらく石塔の造営年代と銘文が近接するとみられる事例は、筒井順慶墓（天正一二年〈一五八四〉）、吉川元春墓（天正一四年〈一五八六〉）、吉川元長墓（天正一五年〈一五八七〉）、豊臣秀長墓（天正一九年〈一五九一〉）、北方慈雲院逆修塔（同）の五例であり、これらは高野山奥之院中における戦国武将およびその関係者の塔として、最も早く建立された事例と考えることができる。その時期は、一六世紀後半でも第Ⅳ四半期に入っており、前章で述べた織田信長の葬儀を秀吉が執り行った直後、つまり墓や葬送儀礼が権力の象徴として復活しつつある時期に該当する。

なお、上記五人のうち本貫地にも墓地があるのは、秀長正室とみられる北方慈雲院を除く四名であるが、吉川元春、元長親子は地元（広島県北広島町）でも並んで祀られるが近代に入ってから整備されたもののようであり、豊臣秀長の墓は大和郡山市に所在するが、これも江戸時代に建立された五輪塔が遺るのみである。これに対して筒井順慶の墓は、同じく大和郡山市に五輪塔とその覆堂、一周忌に建てられた石灯篭などとともに現存している。さらに高野山の順慶墓は古い絵図にも登場し、金剛峰寺蔵『奥院の絵図（奥院絵図）』（宝永四年〈一七〇七〉、日野西一九八三）には、現在の地点と思われる所に明確に記載されている[2]。以後の絵図でも供養者の名前が記載されるものにはほぼ掲載されており、いずれも場所の変更はみられない。したがって現在の位置が当初の位置である可能性が高く、高野山内にあって原位置を維持している石塔は貴重である。

表2　高野山奥之院一六世紀代大型五輪塔一覧表（僧侶墓を除く）

番号	石塔名称（地点）	元号	西暦	塔高（センチ）	石材	銘文（／改行、》改面）	備考	掲載番号
①	光明院逆修塔（二十三町石附近）	永正八年	一五一一	一五七・五	緑泥片岩	光明院逆修／結衆中造立之／ア／永正第八辛未／七月十四日	未確認	本編　二九一
②	武野紹鴎塔（三十三町石附近）	弘治元年	一五五五	二六〇	砂岩	弘治元乙卯年／地　一閑紹鷗居士／十月廿九日	※㉕・㉖等とともに七ツ石塔の一つ。慶長以降のもの。	本編　三八四
③	武田信玄塔（二十二町石前）	天正三年	一五七五	一七一	砂岩	俗名武田信玄／ア　恵林寺殿／天正元酉年四月十二日／逝去》アン／天正乙亥年三月六日建立	六と同所。石塔の形式は一六世紀後半頃か？	本編　三三五
④	渓江院殿塔（二十二町石附近）	天正三年	一五七五	一一一	砂岩	命日天正三亥八月二十一日／ア　渓江院殿／月下笑光／大姉菩提／赤井正直》宿坊／福生院	※五と同所。石塔は近世の所産	本編　三三六
⑤	赤井直政塔（二十二町石附近）	天正六年	一五七八	一四一	砂岩	丹州黒井城主前少将／ア　柚戦院殿實山／富休大居士／赤井悪右衛門尉直政》施主　赤井正直》天正六寅天／三月六日》宿坊／福生院	※四と同所。石塔は近世の所産	本編　三三八
⑥	武田勝頼塔（二十二町石附近）	天正一〇年	一五八二	一三一・五	砂岩	俗名勝頼／ア　法泉院殿》天正十年三月十一日逝去	※三と同所にあり。本塔は近世の所産	本編　三三九
⑦	織田信長塔（御供所向）	天正一〇年	一五八二	二四〇	砂岩	天正十年六月二日／ア　總見寺殿／贈大相國一品／泰厳大居士／御宿坊悉地院	※織田信長墓塔。明らかに近世の造立塔	続編　五九八
⑧	筒井順慶塔（奥院休憩所向）	天正一二年	一五八四	一六二	花崗岩	和州筒井法印順慶／ア／天正十二季甲申八月十一日	当該期の資料。四隅間弁型の反花座に安置。	続編　六〇一
⑨	護門院殿塔	天正一二年	一五八四	一九〇・五	花崗岩	濃州岐阜城主／池田三左衛門尉輝政建立／ア　護門院殿前紀伊大守／雄岳宗英大禅定門菩提／天正十二歳次甲申信輝卒／使者岩越二良左エ門重貞	※江戸中期造立（『続編』）未確認	続編　六〇三
⑩	吉川元春塔（二十二町石附近）	天正一四年	一五八六	一七〇・五	花崗岩	安藝國／吉川元春／アン／海翁正恵／天正十四年十一月十五日	没年号に近い時期の塔、未確認	本編　三四〇
⑪	青厳貞松逆修塔（豊臣家墓所R2）	天正一五年	一五八七	一七〇	砂岩	天正十五年／ア　青厳貞松逆修／三月廿一日	寄せ集め塔	本編　三四一
⑫	長泰寺殿塔（十九町石前）	天正一五年	一五八七	一七四	砂岩	武州忍城主成田下総守氏長／ア　長泰寺殿／天正十五年五月朔日為父	未確認	本編　三四二
⑬	河野通直塔（一の橋附近）	天正一五年	一五八七	一六一・五	砂岩	天正十五年丁亥／伊豫國河野通直／ア／月□宗圓大居士／七月十四日	⑮と同所。地輪下の受花は後世に追加。石塔は中世末。	本編　三四三
⑭	吉川元長塔（二十二町石附近）	天正一五年	一五八七	一七〇・五	花崗岩	安藝國／吉川元長／ア／前礼部空三大禅定門神儀／天正第十五丁亥六月五日	没年号に近い時期の塔、未確認	本編　三四四

⑮	河野通直母塔（一の橋附近）	天正一六年	一五八八	一七四	砂岩	天正十六戊子／豫州河野通直母儀／ア／天遊永壽逆修／七月二十六日	⑬と同所。地輪下の受花は後世に追加、寄せ集め塔か	本編　三四五
⑯	小早川隆景逆修塔（二十三町石附近）	天正一六年	一五八八	一八〇	砂岩	天正十六年／藝州小早川／ア　為泰岳紹安／隆景逆修／十一月十五日	※　⑰と並ぶ。近世の塔と判断　未確認	本編　三四六
⑰	小早川隆景夫人逆修塔（二十三町石附近）	天正一六年	一五八八	一九四	砂岩	天正十六年戊子／藝州小早川／ア　為月溪信善女人／御内方　逆修／十二月十五日	※　⑯と並ぶ。近世の塔と判断　未確認	本編　三四七
⑱	淀君逆修塔（豊臣家墓所R5）	天正一七年	一五八九	一七〇	砂岩	天正十七己丑／ア　御上﨟逆修／七月初三日	※　淀君逆修塔。江戸時代造営の石塔	本編　三四八
⑲	石田三成逆修塔（二十四町石附近）	天正一八年	一五九〇	二八五	砂岩	天正十八庚寅／ア　宗應逆修／三月十八日	※　石田三成逆修塔。ただし石塔の形式は近世に入る。	本編　三四九
⑳	一柳伊豆守逆修塔（中の橋）	天正一八年	一五九〇	二二〇	砂岩	濃州岐阜一柳／前豆列大守／ア／天叟長運大居士／伊豆守　逆修》天正十八年／アー／三月十九日》宿坊／アン　南蔵院	未確認	本編　三五〇
㉑	豊臣秀長塔（豊臣家墓所R1）	天正一九年	一五九一		花崗岩	大光院殿前亜相／ア　春岳紹榮大居士／天正十九年正月廿二	豊臣秀長。年代に近い時期の石塔で四隅間弁型の反花座。	本編　三五一
㉒	北方慈雲院逆修塔（豊臣家墓所L1）	天正一九年	一五九一	一九八	花崗岩	大納言殿北方慈雲院／ア　芳室紹慶逆修／天正十九年五月七日	秀長正室。年代に近い時期の石塔で四隅間弁型の反花座。	本編　三五三
㉓	浅野弾正塔（豊臣家墓所L2）	天正二〇年	一五九二	一八〇	花崗岩	天正廿年／ア　浅野弾正／玉厳麟公神童／少弼造之／二月時正	寄せ集め塔	本編　三五四
㉔	三位後室逆修塔（豊臣家墓所L3）	天正二〇年	一五九二	二二三・五	砂岩	天正廿年／ア　三位法印後室逆修／五月七日	※　石塔は近世に入るものと判断	本編　三五五
㉕	大府郷法印塔（三十三町石附近）	文禄二年	一五九三	二五三	砂岩	文禄二癸巳年／地　大府郷法印壽林宗久居士／八月五日	㉖他と並んで配置。慶長以降のものと判断。	本編　三五六
㉖	瑞松院塔（三十三町石附近）	文禄三年	一五九四	二五三	砂岩	文禄三甲午年／地　瑞松院春芳宗榮禅定尼／七月五日	㉕他と並んで配置。慶長以降のものと判断。	本編　三五七
㉗	豊臣茂勝逆修塔（奥之院）	慶長三年	一五九八	一九〇	砂岩	豊臣朝臣茂勝逆修／ア／旹慶長三年七月十一日	年号の頃のものか。未確認	本編　三六〇
㉘	村越兵庫守塔（御供所前）	慶長五年	一六〇〇	八五	砂岩	三川住村越兵庫守／照光院蘭月／ア／宗英大禅定門／慶長五年庚子九月十五日	未確認	本編　三六一
㉙	榮厳道翁塔	慶長五年	一六〇〇		砂岩	為榮厳道翁禅定□／ア／慶長第五暦六月十七日	未確認	続編　六二五

『集成』、『集成─続編─』から抽出整理。下欄はその掲載番号。

石塔名称は筆者の仮称、地点は『集成』等記載のもの、備考欄の※印は、明らかに近世造立の石塔を示す。

未確認資料中、若干のコメントを記すものは、（木下二〇一四）掲載写真から判断した。

㈢ 筒井順慶墓を観る

右記のとおり、戦国武将で最も早く高野山に造墓されたのは筒井順慶であった。順慶の墓は本貫地でもある奈良県大和郡山市に現存しており、本貫地と高野山の両方に墓を持つ事例としても嚆矢ではないかと考える。以下、簡単にこの両者を比較してみる（図5）。

大和郡山市にある順慶の墓（山川・岡本二〇〇四、以下本貫地塔とする）は、花崗岩製の五輪塔で塔高一一七・一センチ、地輪下に反花座を置き、さらにその下は方形の平積み二重基壇となる。塔の各面には五大種子を四転して配置し、発心門を正面とする。地輪正面右に「順慶陽舜房法印／三十六歳／子時入滅（名前の左右に振り分ける）」、梵字を挟んで左に「天正十二季甲申八月十一日」と没年月日を刻んでいる。この塔には覆堂があり、一間×一間の本瓦葺宝形造の建物で、壁はなく、正面の引き戸以外は木製卒塔婆を立て並べて、四十九院を意識したものとしている。この堂の露盤に「天正拾弐年甲申十一月吉日／西京□□／住人作也」との銘がある。また、堂内に置かれる石灯篭一基に「奉寄進燈爐為順慶御菩提也　御領内衆合敬白／天正拾三年乙酉／八月十一日」の銘がある。五輪塔を含めて順慶の一周忌法要に合わせて整備、建立されたものとみられ、石灯篭は当時、堂の正面に配置されていたものであろう。地下遺構こそ未確認であるが、戦国時代における武将の墓所がほぼ完全な状態で知られる稀有な事例として貴重である。

これに対して高野山の塔（以下高野山塔）は、花崗岩製の五輪塔で塔高一六二・八センチ、地輪下に反花座を置き、その下は二段の平積み基壇とする。地輪の各面には五大種子を四転して配置し、発心門を正面とする。銘文は地輪正面にあり、右側に「和州筒井法印順慶（州は異体字）」とあり、本貫地塔にない和州という地名を冠するが、国名を記すものはすでに一石五輪塔にもみられる。梵字を挟んで左側に「天正十二季甲申八月十一日」とあり、順慶の没年月日を刻むが、本貫地塔によく似た記載方法である。

五輪塔本体と反花座、基壇以外に施設はない。

　両者を比較すると、まず材質は花崗岩で共通するが細かな判定が必要である。反花座はどちらも四隅に間弁を配置するタイプで、大和や南山城、伊賀地域では一般的なもので、一辺に複弁四弁を配する点は両者共通するものであるが、高野山塔では高さが抑えられるとともに彫り込みが深く明瞭であり、やや古い感じに見える。なお、高野山で主流の反花座はこのタイプではなく、四隅に弁央を置くものである。

　次に数値の比較をしてみ

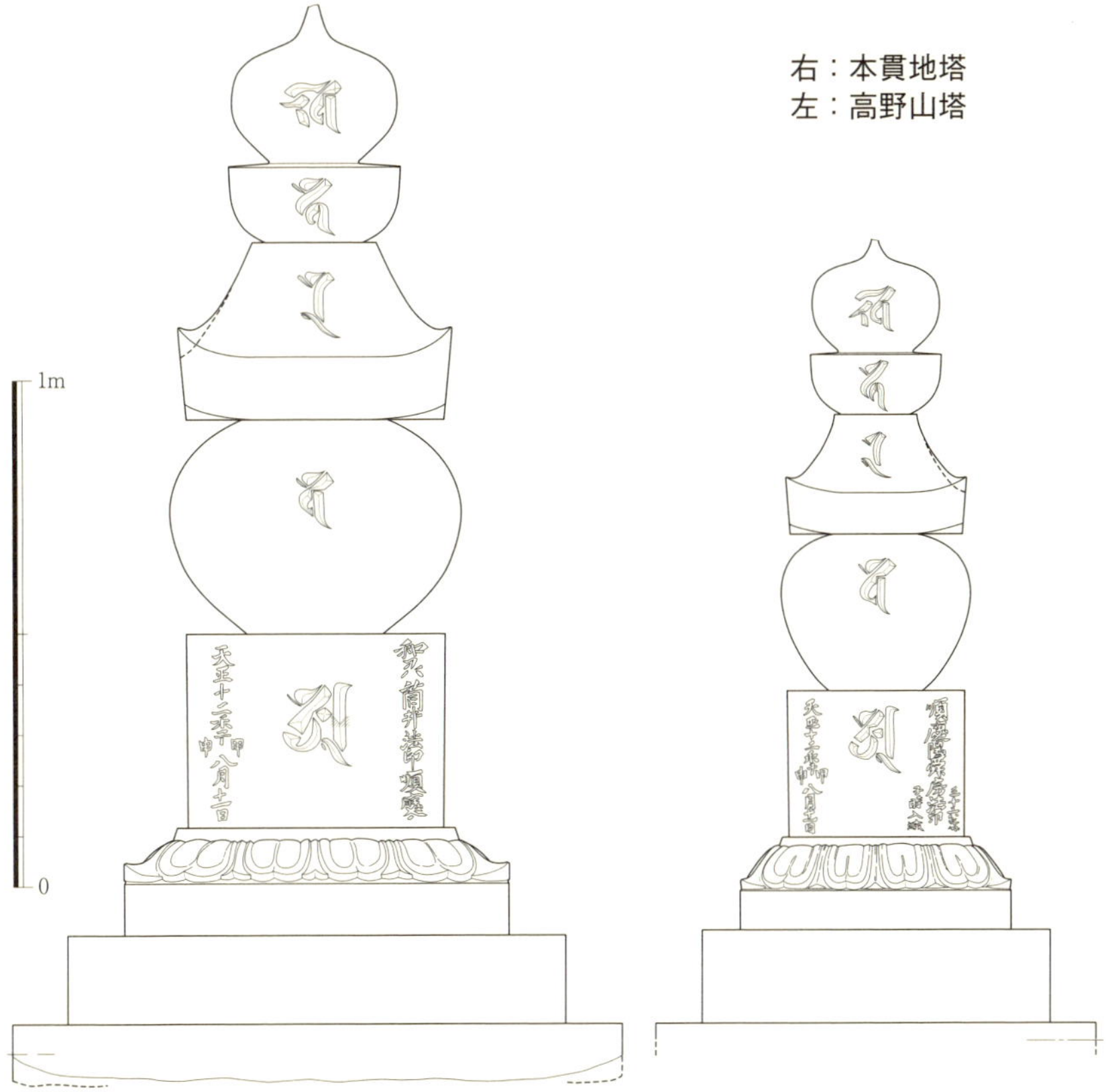

図５　筒井順慶墓実測図（1/20）

表３　筒井順慶墓計測値比較表

計測部位		①本貫地塔		②高野山塔		①／②
塔高		117.1	塔高比	162.8	塔高比	0.719
空輪	最大径	25.3		33.9		0.746
	高さ	22.2	0.190	31.5	0.193	0.705
風輪	最大径	26.5		35.0		0.757
	高さ	12.2	0.104	15.5	0.095	0.787
火輪	上辺幅	16.8		25.0		0.672
	軒上辺幅	36.0		55.5		0.649
	軒下辺幅	35.0		53.0		0.660
	高さ	23.0	0.196	35.0	0.215	0.657
水輪	最大径	38.5		59.2		0.650
	高さ	31.0	0.265	42.5	0.261	0.729
地輪	上辺幅	36.0		52.7		0.683
	下辺幅	35.3		52.0		0.679
	高さ	28.7	0.245	38.3	0.235	0.749
反花座	上辺幅	38.0		56.7		0.670
	下辺幅	54.8		78.0		0.703
	高さ	18.5		21.2		0.873
	蓮弁部高さ	10.0		10.7		0.935
上基壇	幅	70.5		101.0		0.698
	高さ	18.3		17.5		1.046
下基壇	幅	89.5		124.0		0.722
	高さ	—		11.0		—

いずれも現地計測の数値であり、単位は cm。
※塔高比とは、各部の高さを塔高で除した値。

る。各部の計測値は表3に示したので、必要部分を解説する。塔高は高野山塔が高く、本貫地塔はその七二%程度である。各部の縮小率は七〇%を前後するものではあるが、一律とは言えない数値である。しかし、各部材の塔高に対する高さの比率（塔高比と仮称）は、火輪を除くとほぼ近しい数値を示している。[3] しかも塔の最大幅（径）の位置が水輪にある点、地輪の最大幅と火輪の最大幅がほぼ一致する点、地輪は上辺がわずかに下辺より大きい点、火輪軒口も同様に上幅が広い点（軒口は上に向かってわずかに広がる外形となる）、水輪の最大径がかなり上位に位置する点、空輪頂部が大きく突き出す点など、両者が共通する特徴を多く有しているのは重要である。

時代的な観点から規格品という可能性も無くはないが、多数の点で一致していることは興味深く、類似した年代の他塔との比較検討を必要とするものの、両者はほぼ同じ設計によって造営され、高野山塔は本貫地塔を基準に一定程度拡大して建立したものとみられる。ともに順慶の一周忌を目途に作られたと考えられることは、造塔に関して同一の宗教者の関与を想定したくなる。

こうした高野山での造塔は奥之院への納骨信仰と関係する。奥之院への納骨の開始は一二世紀後半頃だが、それ以後納骨の形態を変化させつつ、現代まで継続して行われている。順慶の場合もおそらく奥之院への納骨の一環として造塔されたものであろう。納骨と造塔は一三世紀後半以来実施されているものので、前記したとおり一六世紀には一石五輪塔による供養が隆盛し、造塔（納骨）の平準化という流れの中にあった。ここにきて大きな墓石造営の復活に伴い、地位や権力、経済力を得た者は高野山への納骨にあたっても同様な行為を実行しはじめたと考えたい。これが高野山奥之院における近世大名墓造営の先駆けとなったのである。

(四) 高野山における大名墓研究のために

本章の冒頭にも記したとおり、奥之院における大名墓の詳細な調査はほとんど行われていないのが現状である。銘文の多くは記録されているというが、未だ公刊されるには至っていない。ましてや石塔の実測図や個別の記録となると皆無に等しい。

史料研究の分野では、近世の奥之院の墓所に関係する題材ですでにいくつかの優れた論考や史料翻刻、資料解説がなされている（日野西一九八三、圭室一九九四、岩淵二〇〇四、村上二〇〇九、木下二〇一四など）が、考古学的な情報が乏しいため、両者を総合的に捉えた研究をするには残念ながら時期尚早と言うほかない。これからの石塔調査で、残された様々な情報を記録し、資料化されることを期待するだけだが、以下に現状で気になる点を指摘して、向後に備えたいと思う。

近世の巨大な大名墓石塔の銘文を見ると、「宿坊　福生院」「宿坊　南蔵院」などその墓地を管理する塔頭（子院）の名前を記載するものが登場する。これは師檀関係を結んだ塔頭と大名家との関係を明確にするものであり、大名は宿坊塔頭を通じて造塔を行うのであろう。このことでおそらく塔頭側は、大名家との接点を明確にして継続を期待し、経済的な安定を目指すことになるとともに、奥之院の中での占有範囲を主張するものともなる。大名家が同一箇所で継続して造営することに価値と意義を見出していくことは、塔頭寺院にとっても生き延びてゆく大きな基盤であったと思われる。現在も各塔頭でその管理エリアは決まっているようなので、そのシステムは江戸時代まで遡るものであることは間違いない。さらにその下地になるのは、中世後半期に奥之院を埋め尽くした小型の五輪塔や一石五輪塔の造営背景であろう。参道両側のいたる所で今も出土するということは、奥之院の広範囲が造塔（安置）の場となっていたことを示唆し、すでに成立していた師檀関係（武士には限定しない）を背景に中世末期では納骨と一石五輪塔造営が盛んに行われていた風景が見えてきそうである。現在、一石五輪塔は見つかるごとに大木の根元などに集められ、さらにひとところへ集積されてゆく運命にあるが、銘文中には供養者の出身地が刻まれるものもあり、出土地点を細かくプロットすることができれば、中世後期の塔頭と檀那場（地域）の関係が見えてくる可能性も出てこよう。

近世大名墓研究の進展には、可能な範囲での発掘調査はもとより、高野山奥之院にある膨大な石塔群の資料化が急務である。

【註】

（1）拙稿「高野山奥之院の納骨信仰―出土遺物と石造物―」（投稿中、未刊）

（2）近世石塔を描く、これより古い絵図（『御公儀上一山図』正保三年〈一六四六〉）も存在するが、そこには一部を除いて供養者の名前は記載されていない。しかし、順慶墓の位置にはすでにそれらしき石塔が描かれている。

（3）空輪頂部が両者とも欠損するので当初の数値としては正しくないが、誤差は小さいと思われる。

【参考文献】
市田進一　二〇一二『伊賀の石仏拓本集』私家版
伊藤久嗣　一九七八「椎山中世墓」『三重用水加佐登調整池関係遺跡発掘調査報告』鈴鹿市教育委員会
岩淵令治　二〇〇四『江戸武家地の研究』塙書房
岡本桂典・井上雅孝　一九八八『旧弘前藩主津軽家墓所石塔修復調査報告』遍照尊院
木下密運　一九六七「元興寺極楽坊板碑群の調査研究」『元興寺仏教民俗資料研究所年報』財団法人元興寺仏教民俗資料研究所
木下浩良　二〇一二「高野山の石造物」『高野町史　民俗編』高野町
木下浩良　二〇一四『戦国武将と高野山奥之院　石塔の銘文を読む』朱鷺書房
関根達人　二〇〇二「近世大名墓における本葬と分霊―弘前藩津軽家墓所を中心に―」『歴史』第九九輯
圭室文雄　一九九四「中世後期から近世初頭の高野山の師檀関係」『西垣晴次先生退官記念　宗教史・地方史論纂』同編集委員会
西尾克己・稲田　信・木下　誠　二〇一三「高野山奥の院に所在する堀尾家墓所について」『松江歴史館研究紀要』第三号、松江歴史館
日野西眞定　一九八三『高野山古絵図集成』清栄社
日野西眞定　一九九〇『高野山民俗誌［奥の院編］』佼成出版社
村上弘子　二〇〇九『高野山信仰の成立と展開』雄山閣
村木二郎　二〇〇四「石塔の多様化と消長」『国立歴史民俗博物館研究報告』第一一二集、国立歴史民俗博物館
山川　均・岡本智子　二〇〇四「順慶五輪塔覆堂石造物・屋瓦調査報告」『筒井城第五次発掘調査報告書』大和郡山市埋蔵文化財調査報告書第九集、大和郡山市教育委員会
狭川真一　二〇〇三「戦国時代における墓地の様相」『戦国時代の考古学』高志書院

※本稿作成にあたり、松井一明氏、山川　均氏、池田一城氏、芝　幹氏にお世話になった。また、本稿はＪＳＰＳ科研費二一三二〇一五二およびＪＳＰＳ科研費二六二八四一二六の助成を受けた成果の一部を含んでいる。

織田信長の葬儀と墓

加藤理文

天正一〇年（一五八二）六月二日、本能寺の変によって、織田信長が自害し果てたが、その後織田家主催の葬儀が行われた記録は無い。嫡男信忠も二条御所に於いて同日自刃したが、次男信雄、三男信孝、弟の信包という織田家中の序列上位者は健全であった。それにもかかわらず、信長の葬儀が行われなかったのは、その亡骸が存在しなかったためと考えられる。宣教師ルイス・フロイスは「その声だけでなく、その名だけで万人を戦慄せしめていた人間が、毛髪といわず骨といわず灰燼に帰さざるものは一つもなくなり、彼のものとしては地上になんら残存しなかったことである。」と記している。このように弔うべき遺骸が無かったため、葬儀挙行を誰もが躊躇せざるを得なかったのであろう。また、信長亡き後の後継争い、織田家遺領配分や分国再編成の問題もあり、葬儀どころではなかったというのも理由の一つと考えられる。織田家中で後継争いをしている隙をついて、変事から百箇日後、羽柴秀吉が信長の葬儀を主催、本来なら喪主となるべきはずの信雄、信孝を始め、織田家不参加の状態で、日本史上稀に見る豪華な葬儀が執り行われることとなった。

一　織田信長の葬儀

本能寺の変当日に信長の遺骸を託され持ち帰った阿弥陀寺の清玉上人が、埋葬し墓を建てたとの記録がある（『信長公阿弥陀寺由緒之記録』）が、葬儀が行われたとの記述は無い。阿弥陀寺では葬儀が行われたと伝わり、変直後に嫡男信忠や戦死した家臣を含め墓が建てられているため、何らかの法要が行われた可能性は高い。阿弥陀寺の信長、信忠の供養塔は横並びで、ほぼ同形式・同規模の笠塔婆で、その形式から天正期に建てられたとして問題ない。七月一一日には山科言経が「今度打死の衆、前の右府御墓已下を拝」と信長の墓詣でのため阿弥陀寺に参詣したことが『言経卿記』に記されており、その後百箇日追善にも足を運んでいる。有力公家衆の中に、信長の墓が阿弥陀寺に存在すると周知されていたためと思われる。

次いで、信長の側室・お鍋の方（小倉氏）によって弔事が行われている。お鍋の方は、変事から四日後の六月六日、岐阜入城と共に織田家菩提寺と定められた崇福寺に、信長の遺品を送ると共に、書状（おりがみ）を持って位牌を安置させている。これが、最も早い信長の位牌所の設置であるが、この時身内だけの葬儀が行われた記録は無い。

本能寺の変から一か月が経過した七月三日、三男信孝は、本能寺の焼け跡の遺骨や信長の太刀を廟に納め、本能寺を信長墓所と定めるが葬儀の記録は見られない。信長の乳母である養徳院（池田恒興の生母）が、八月一八日に妙心寺で百箇日法会を行ったのが、信長に対する初の正式な法会であった。引き続き翌九月一一日、妹お市の方と柴田勝家が主催する百日忌が同じく妙心寺で営まれている。これらの法要は、正式な葬儀の無い中での実施ではあったが、法名としては「天徳院殿」が使用されている。

天下人信長に相応しい大々的な葬儀の挙行は、変から四か月を経た一〇月初旬まで待たなければならなかった。羽柴秀吉が主催する葬礼は、足利将軍家の七仏事に倣って七日間にわたり大徳寺で催された。これに先立ち、朝廷は信長に正一位太政大臣を追贈すると共に「総見院殿贈大相国一品泰巌大居士」の諡号を贈った。

この秀吉による大徳寺の葬儀は『惟任退治記』に詳しく記載されている。以下、同書による葬儀の様子である。御位牌所として一宇の堂舎を建立し、総見院と名付け、墓所の作事料や寺領を寄進。引き続き仏事に移り、一一日に転経（大部の経文のうち、初めと中程と終わりの数行を読んで全体を読んだようにすること）、一二日に頓写（法華経を一日で書写すること）と施餓鬼（餓鬼道に落ちた亡者たちに飲食物を施すための経供養）、一三日に懺法（罪過を懺悔するため読経する法要）、一四日に入室（弟子となって嗣法すること）、一五日に闍維（遺体を荼毘に付すこと）、一六日に宿忌（通夜）、一七日に陞座拈香（禅宗で、説教し焼香すること）が執り行われた。

一五日の葬礼は目を驚かす豪華さで、棺は金紗金襴によってつつまれ、祭壇の軒には瓔珞（装飾品）が下がり、欄干の擬宝珠にもみな金銀が鏤められ、八角の柱は丹青に彩色され、軒の間は装飾がなされ、沈香をもって作られた仏像を遺骨として棺の中に納めた。

火葬場となった蓮台野は広大な空間で洛中につづいており、一〇二間四方の火葬の建物が設けられた。方形造のお堂の周りに柵をめぐらせ、羽柴秀長を警護の大将として、大徳寺から火葬場まで一五〇〇間の間に警護の侍三万人が路の左右に弓・箙・鑓・鉄砲を持って立ち並んでいた。

葬礼には、秀吉分国の侍たちのみならず、その他の諸侍も参集。見物人は雲霞のごとく集まっていた。棺を載せた御輿は、前を池田輝政、後ろを羽柴秀勝が担ぎ、御位牌と御太刀は秀吉が持った。太刀は不動国行。棺に連なった行列は三千余人、みな烏帽子・藤衣を着用。参列した僧侶は五山禅僧を始めとして、洛中洛外の禅僧律僧、南都六宗・真言・天台など幾千万と数え切れないほど参列した。
彼らはそれぞれの宗派の威儀をととのえ、手を組み頭を下げ敬礼して、読経しながら練り歩いた。五色の天蓋は陽の光に輝き、ひと揃いの幢旛が風に翻った。沈香から立ち上る煙は雲のようにたなびき、灯明の光は星のようであった。種々のお供え物やそれらに添えられた造花などは厳かに飾り立てられ、九品の浄土、五百羅漢、三千の仏弟子たちが目前にあるかのようであった。この後、法要の役を勤めた僧侶の名が続く。

宣教師ルイス・フロイスの記録もほぼ同様の内容で、『惟任退治記』の葬儀の描写が正確であることを裏付ける。フロイスは、葬儀が実施された理由について「羽柴秀吉は抜け目なく狡猾であった。秀吉は己が才能を誇示し、貴人や民衆の希望を満たすために、主君信長の供養を最も豪華に、盛大に挙行した。信長という、いとも王者の風格があり、すぐれた人物にふさわしい葬儀が営まれた。」と、秀吉が後継者としての地位を確固たるものとする方策のひとつだったと記録している。この大徳寺で行われた葬儀こそが、記録に残る唯一の信長の葬儀であった。

秀吉は、当初信長の葬儀を喪主として行いたいと阿弥陀寺住職（清玉上人）に懇願したが、「信長亡き後の織田家を乗っ取るに近い振る舞いではないか」と拒否されてしまう。前述の『信長公阿弥陀寺由緒之記録』によれば、信長と親交の深かった清玉上人が、変の直後本能寺に駆けつけると、家臣たちが信長の遺体を火葬している最中であったため、上人がその遺骨を法衣につつみ帰寺し、埋葬したとの逸話が残る。また、上人は明智光秀の許しを得、本能寺の焼け跡で多くの遺骨を収集し阿弥陀寺に埋葬したとも伝わる。この話の真偽はどうであれ、当初秀吉は阿弥陀寺住職に葬儀開催を申し入れ、拒絶にあい、大徳寺で葬儀を開催したのである。

信長の正式な葬儀が、なぜ変事から四か月も経過した一〇月に執り行われたのであろうか。『惟任退治記』では、織田家には兄弟親族も多く、歴々の宿老たちもいることから、いずれ誰かの手によってということを秀吉が期待していたとある。また秀吉は、信長の五男於次丸を猶子としており、信長の縁者に等しく、葬儀をしないわけにはいかなかったというのがその理由としている。確かに、信雄や信孝などは「信長の後継争い」で葬儀を営むどころではなかった。また、信長の亡骸が見つかっていないということも原因ではあろう。

このように、正式な葬儀の記録は秀吉が行った大徳寺の法要のみである。だが、信長の法名は、大徳寺葬儀に際し朝廷より贈られた諡号の「総見院殿」と妙心寺の法会で使用された「天徳院殿」の二種が見られる。信長画像として最も有名な長興寺肖像画の戒名は「天徳院殿」であるため、一周忌前後までは、両者混在の状態が続いていたことを物語る。信長の葬送儀礼は、二系統の勢力によって実施されたということであろう。

二　各地に残る信長の墓所

全国各地に信長の墓所が見られるが、阿弥陀寺を除けば（寺伝では、墓とされる）いずれも正式な墓（遺骸を納めた墓）ではなく、衣冠墓あるいは供養塔ということになる。いつ誰の手によって作られたのかということと、わかる範囲でそのいわれを紹介しておきたい。なお、①阿弥陀寺に関しては、ご要望により阿弥陀寺御住職にご執筆賜った。

①阿弥陀寺（京都市上京区）浄土宗

正式名を「蓮台山　捴見院　阿弥陀寺」。大正六年勅使来訪、「織田信長公正一位階追陞」の儀式が挙行

され「織田信長公本廟所」と公認される。本堂に「織田信長木造・位牌」を始め「天正十年六月二日（本能寺の変）討死衆合位牌」等を安置し、「後陽成天皇下賜『捴見院』勅額」「清玉自筆天正十年六月二日（本能寺の変）討死衆過去帳」、「信長が本能寺の変の際使用した手槍先」等寺宝他、前述の「阿弥陀寺由緒之記録」を伝える。

開山清玉上人は信長と縁深く帰依を受け、又時の帝正親町帝の信も篤く東大寺再建の勧進職を勤める高僧。当時阿弥陀寺は塔頭十三ヶ院、周囲八丁四方（九六〇メートル）の大寺院で織田家菩提寺として知られた。「阿弥陀寺由緒之記録」等に依ると、天正十年六月二日未明・本能寺の異変を聞いた清玉は、本能寺の信長の下に僧徒二十余名を引き連れ駆け付ける、しかし時遅く信長自害の後であった。困惑する近習に対し清玉は、織田家菩提寺として信長の葬儀・供養・埋葬等を申し出近習の武士達は快諾、敵に当たるうちに清玉等は遺骸を阿弥陀寺に運んだ。同日清玉は明智光秀に会い、本能寺・二条城にて自害せる嫡子信忠始め織田家中百余名の葬儀・供養・埋葬を申し出る、光秀快諾し清玉は僧徒等と百余名の遺骸を収容、阿弥陀寺に運び主君信長と共に葬儀・供養・埋葬し墓を建てた。その際、清玉は信長はじめ討死衆の俗名法名を書き記した（清玉自筆討死衆過去帳）。位牌を作成した（討死衆合同位牌）。両方とも信長法名「捴見院大相國一品泰巌大居士」を筆頭に以下討死衆が記されている。後日それを伝え聞いた羽柴秀吉は清玉に対し阿弥陀寺にての法要等を申し入れるが清玉はこれを拒絶、三度にわたる申し入れを断られた秀吉は、大徳寺に一宇建立し法要を勤められた。その後、後陽成天皇勅願所として「捴見院」勅額を賜る。

現在地には天正十三年頃秀吉の京都改造寺町造成に際し墓等と共に移され墓所には、信長の他、信廣（信長の庶兄）、信孝（三男）、信貞（九男）、討死衆合祠供養塔、連枝衆及び森蘭丸等織田家家中討死衆二十数基の墓及び供養塔がある。信長・信忠墓は一基の墓石の上に墓柱型墓石が並ぶ。その横に信孝の墓柱石墓がある。信長墓裏に信廣供養塔・信貞墓・討死衆合祠供養塔等が並び、その横に連枝衆始め森蘭丸等供養塔及び墓が並ぶ。

②今宮神社（京都市北区）

阿弥陀寺が現在地に移転後、旧地である上京の芝薬師西町の墓跡に祠を建てたと伝わる。その祠は江戸期になると織田稲荷となり、近年まで残されていたが、開発行為によって稲荷が潰されたため、昭和六二年（一九八七）北区今宮町の今宮神社境内に移された。

③大徳寺総見院（京都市北区）**臨済宗**

信長一周忌の追善法要の位牌所として、秀吉が建立した塔頭の一つ。信長、信忠、信雄、秀勝（秀吉に養子に出した四男）、信高（七男）、信好（十男）、秀雄（信雄の嫡男）の織田一族の五輪塔と西側に、帰蝶（濃姫）、お鍋の方、徳姫（長女）の供養塔がある。葬儀の際に、信長の遺体の替わりに香木を使用した木造を二体造り、一体は葬儀の時に荼毘にふし、もう一体（木造織田信長坐像、重要文化財。衣冠帯刀の木造で、像底に天正一一年〈一五八三〉七条大仏師康清製作を銘記）を本堂仏間に安置する。

④大雲院（京都市東山区）**浄土宗**

天正一五年（一五八七）、羽柴秀吉の命により貞安が信長の嫡子信忠の菩提を弔うため、信忠が討たれた二条御所跡に創建。その後、秀吉による京中屋敷替えにより寺町通へ移転した。昭和四七年（一九七二）、高島屋京都店増床に伴い、大倉喜八郎（東山区）旧邸を買い取り現在地へ移転。信長・信忠合祀の塔婆型墓塔（供養塔）が残る。形式的には、江戸期のものと考えられる。墓塔は縦に両分、父子の法名を左右に並べて刻む。信長の法名は「総見院殿贈大相国一品泰巌大居士」。信長の肖像画も伝わる。

①阿弥陀寺信長廟
（阿弥陀寺所蔵）

②今宮神社　織田稲荷

③大徳寺総見院供養塔
（大徳寺総見院所蔵）

④大雲院（大雲院所蔵）

⑥妙心寺玉鳳院（妙心寺玉鳳院所蔵）

⑤本能寺

⑨西光寺信長供養塔

図１　各地の信長墓所（1）

⑤本能寺（京都市中京区）**法華宗**

本能寺の変後の七月三日、三男信孝が変で焼失した本能寺信長宿所の「御屋敷」の跡地を墓所にすること、住僧の還住を命じている（『本能寺文書』）。天正一九年（一五九一）豊臣秀吉によって現在地に移転再建された。本堂の裏手に巨大な宝塔（供養塔）が建つ。江戸期の造営と考えられる。

⑥妙心寺玉鳳院（京都市右京区）**臨済宗**

信長の乳母・養徳院（池田恒興の母）の菩提寺と言われる。織田四天王の一人で、関東統治の取次役であった滝川一益の墓が残る。寺伝によれば、現存する宝篋印塔は、その滝川一益が主君の追善供養のために私的に建立した供養塔を移設したものとされる。信長と信忠の宝篋印塔二基は、いずれも天正期に建てられたとして問題ない形式であるため、信長の死後、それ程の時をおかない段階に建てられたものであろう。

⑦建仁寺（京都市東山区）**臨済宗**

建仁寺方丈前庭「大雄苑」の西南隅に、信長の弟・有楽斎（長益）が兄追善の為建立した供養塔（七重の石塔）が残る。

⑧聖隣寺（京都府亀岡市）**臨済宗**

大徳寺の葬儀で喪主をつとめた秀吉の養子羽柴秀勝（信長四男）が、天正一一年（一五八三）丹波亀山城主となったおり、実父信長を弔うために建立した供養塔（五輪塔）が残る。五輪塔には「総見院殿一品泰厳大居士」と刻まれている。

⑨西光寺（滋賀県近江八幡市）**浄土宗**

浄土宗と日蓮宗の安土宗論で勝者となった浄土宗の寺で、織田信長が能登の西光寺の僧貞安を開山として天正八年（一五八〇）安土城下に建立。豊臣秀次の近江八幡築城にあわせ現所在地に移転したとされる。移転後、阿弥陀寺から、「信長の遺歯」が分骨され、埋葬したと言われる。供養塔は江戸前期の形式を持つ五輪塔で、衣冠束帯姿の肖像画（東京国立博物館寄託）も伝わる。

⑩摠見寺（滋賀県近江八幡市）臨済宗

天正一一年（一五八三）二月、信長愛用の太刀や烏帽子、直垂などを納め、安土城内の伝二の丸に造られた廟所、一周忌の法要はここで執り行われたと言う。『蒲生郡志』は、秀吉の築造と記す。伝二の丸が、本来の信長御殿が存在した本丸であるため、ここに廟所を置いたと考えられる。周囲を石垣で囲み、中央部に門を構え、内部中央に二段の石垣が積まれ、最上段に楕円形の石が置かれている。江戸時代に書かれた「近江名所図会」では、「信長公墓」として五輪塔が描かれているが、一般的な墓の姿として描いたのか、それとも実物を描いたのかはわからない。現在の墓は、廟所入口にある「護国駄都塔」の天保一三年（一八三二）四月一日の銘文から、この時改修されたと考えられ、石垣が全て亀甲積のような切石積である事実が、これを裏付ける。

享保一八年（一七三三）四月一六日に、織田下野守信方（大和柳本藩）が信長廟に参拝した時の記録では、廟の前に二本の花筒、その前に水鉢、入口には石橋が架かっていたことが記されている。現在の廟と同様であるため、天保一三年の修理は、石の積み替えのみであった可能性が高く、基本形態は天正十一年から変化していないことがわかる。

⑪南宗寺（大阪府堺市）臨済宗

臨済宗大徳寺派の巨刹。塔頭の一つ本源院墓地には、信長・信忠親子を供養する小型の江戸前期の形式と考えられる宝篋印塔が建つ。寺は、大坂夏の陣で堺の市街地と共に焼失。その後、当時の住職であった沢庵宗彭によって現在の場所に再興された。

⑫**高野山金剛峯寺**　**（和歌山県高野町）**

奥之院の弘法大師信仰の聖地とされる「御廟」にほど近い参道脇に、信長供養塔が建つ。高さ約二メートルの五輪塔。古絵図「高野山図巻」では、現在地から約七〇〇メートル離れた参道のほぼ中央に位置する。信長供養塔は、江戸期の記録にはあるが、明治以降の案内書には記載されず、その場所も定かでなかったが昭和四五年（一九七〇）に現在地で再発見された。供養塔には本能寺の変の日付と戒名の脇に「悉地院」と刻まれている。悉地院は、信長の家臣の弟が住職を務めていた寺院であるため、当時の住職が信長の遺徳をしのんで建立したと考えられる。現在の墓所一帯には、織田家関係の供養塔が約二〇基が建ち並ぶため、江戸後期に現在地に移したことが推定される。

⑬**瑞龍寺**　**（富山県高岡市）**　**曹洞宗**

文禄三年（一五九四）、加賀藩初代藩主・前田利長（妻は信長四女の永姫、後の玉泉院）は、金沢に義父織田信長・義兄信忠追善のため分骨を迎え、宝円寺を建立。四四歳で隠居し富山へ移住、富山城が焼失すると高岡城を築き、併せて慶長一八年（一六一三）法円寺（宝円寺を改称）も高岡へ移した。利長没後、三代利常が法円寺を利長の菩提寺とし、瑞龍院と寺名を改め、広山恕陽を開山とする。この時、五基（前田利長・利家、織田信長・側室・信忠）の石廟（内部に宝篋印塔）を建造。笏谷石製の壇上積の基礎の上に建つ切妻型石廟である。信長石廟壁面には菩薩が刻まれる。

⑭**西山本門寺**　**（静岡県芝川町）**　**法華宗**

信長首塚が残る。本能寺変の前夜に信長が本因坊日海（算砂）と鹿塩利賢に囲碁の対局をさせており、変の戦乱に巻き込まれた日海指示により、原志摩守宗安が信長と共に自刃した父胤重と兄孫八郎清安の首と併せ炎上する本能寺より持ち出したと伝わる。首は本門寺に納めて、柊の木の下に埋められたと言

⑩摠見寺（安土城内）信長供養塔

⑪南宗寺信長供養塔

⑫高野山信長供養塔

⑰清洲総見院（総見院所蔵）

⑱岐阜・崇福寺（崇福寺所蔵・岐阜市教育委員会提供）

⑲泰巌寺信長供養塔（五輪塔）

図２　各地の信長墓所（2）

う。現在も柊（樹齢推定四〇〇～五〇〇年、根回り四・六メートル、高さ一七メートル）は残されている。

⑮長興寺（愛知県豊田市）臨済宗

天正一一年（一五八三）信長の家臣で衣城代であった余語正勝（佐久間甚九郎正勝）が再興し、信長の一周忌法要を開催。法要に際し、肖像画（「紙本著色織田信長像」）を併せて寄進した。肖像画は、信長をよく知る狩野元秀が描き、戒名は「天徳院殿一品前右相府泰岩浄安大禅定門」とある。

⑯総見寺（愛知県名古屋市）臨済宗

本能寺の変後、織田信雄が父信長の菩提を弔うために、廃寺になりかかっていた安國寺（西明寺）を清洲北市場に移し、安土摠見寺にならい総見寺と改めた。忠嶽を開祖としたが、忠嶽は虎関師錬を開山と仰ぎ自分は二世となった。慶長一六年（一六一一）の清洲越しにより現在地へと移転。信長供養のための小型の宝篋印塔及び肖像画が残る。現在、本堂整備中で供養塔も再整備が検討されている。

⑰総見院（愛知県清洲町）臨済宗

正保元年（一六四四）、尾張初代藩主徳川義直と亀姫（徳川家康長女）から帰依を受けた総見寺三世永吃闓山が京都へ退隠を表明。慰留した義直は、総見寺跡に隠居所とし自ら開基大檀那となり興聖山総見院を創建。闓山和尚を開山に迎え、信長の菩提を弔うよう命じたのが始まり。信長供養のための五輪塔及び肖像画が残る。五輪塔は戦国期の物であるが同一個体では無く、いくつかの部材を寄せ集め一つの五輪塔にしたものである。天明五年（一七八五）柏原織田家より「伝・織田信長焼兜」が奉納されている。この兜は、信雄が本能寺の変の直後、焼け跡から探し出した物で、損傷が激しく突盔型の鉢と脇立の角本、黒漆がわずかに残るのみである。由緒箱書きには、織田家家老生駒主水方綱、津田内蔵助頼利の署名押印が見られる。

⑱崇福寺（岐阜県岐阜市）臨済宗

永禄一〇年（一五六七）、織田信長は美濃を支配下に置き岐阜城へと入城、この時崇福寺を織田家菩提寺とした。本能寺の変により、信長・信忠父子が亡くなると、側室・お鍋の方は遺品を書状と共に送り、位牌を安置させた。現在の位牌堂は、宝形胴葺屋根木造彩色の小堂で、土壇の上に四メートル四方程の格子塀に囲まれている。供養塔は、江戸前期の笠塔婆で、高さ約一三九センチ、幅約三九センチ、厚さ約三〇センチの位牌形の石碑で縦に両分、父子の法名を左右に並べ刻んである。信長の法名は「総見院殿贈一品大相國泰岩大居士」である。

⑲泰巌寺跡（熊本県八代市）臨済宗

細川忠興が、織田信長の菩提を弔うため、丹後宮津に創建した寺で、細川氏の移封に伴い小倉から八代へと移された。寺名は織田信長の法号「総見院殿泰巌信齢大居士」による。慶長一九年（一六一四）信長の三三回忌に梵鐘を造らせ寄進。寛永九年（一六三二）八代に移ってから五輪塔と灯篭が造られた。五輪塔は、同一個体ではなく、鎌倉〜南北朝期の五輪塔の部材を集め一つにしたものである。明治に入り廃寺になると、梵鐘は光圓寺に譲られたが、五輪塔は現在も泰巌寺跡に残る。五輪塔には「織田将軍去遊四十九歳　天正一〇年六月二日　寛永十年六月三日」「細川参議敬建」の銘文が彫られている。

⑳三宝寺（山形県天童市）浄土宗

文化一三年（一八三〇）次男信雄から一〇代目の藩主織田信美の時、出羽高畠より天童に移封。この時織田宗家の菩提寺となり御霊屋（御位牌堂・仰徳殿）を建立、信長から代々の位牌を安置する。宣教師が描いたとされる信長の肖像画の写真が残る。この写真は、明治の中頃、天童織田藩出身の宮中写真師大武丈夫が複写したものと伝わる。

㉑建勲神社（京都市北区）

明治二年（一八六九）織田信長の皇室への貢献を賛えるため健織田社創建が明治天皇により決定。翌年、天童藩知事・織田信敏邸宅内と天童市に建勲社が造営された。明治一三年（一八八〇）かつて秀吉が計画した信長の菩提寺・天正寺の敷地船岡山に社殿が完成し、東京より遷座した。この時、嫡子信忠を配祀、明治四三年（一九一〇）に山腹から山頂へ社殿が移建された。

以上、全国に残る織田信長の廟・首塚・供養塔と称するもの二一箇所を列記したが、遺骸が発見されていないため、いずれの墓所も衣冠墓あるいは供養塔といった性格である。また本能寺や法華宗関連の寺のみならず、浄土宗、真言宗、臨済宗、曹洞宗の寺院から神道の神社まで、多岐にわたっている。墓（供養塔）を建立したのは、織田一門衆か信長配下の武将関係者がほとんどで、その形式もまちまちである。

【引用・参考文献】
太田藤四郎補　一九二七「惟任退治記」『続群書類従 第二〇輯下 合戦部』続群書類従完成会
一九六五『新訂増補言継卿記第五』続群書類従完成会
松田毅一・川崎桃太訳　一九七八『フロイス日本史五』中央公論社
岡田正人編著　一九九九『織田信長総合事典』雄山閣

豊国廟と東照宮の成立

中井　均

はじめに

近世大名墓の成立に大きな影響を与えたと考えられるものに、豊臣秀吉廟と徳川家康廟がある。いずれもが神として葬られた廟と、その拝殿から構成されている。この平面構造は、特に徳川将軍家墓所に引き継がれていく。拙稿では秀吉廟である豊国廟と、家康廟である久能山東照宮の成立を検討してみたい。

一　豊国廟

慶長三年（一五九八）八月一八日、豊臣秀吉は伏見城内において六二年の生涯を閉じた。当時日本は朝鮮半島において明・朝鮮軍との戦いの真っ最中であり（慶長の役）、秀吉の死を公にすることができなかった。秀吉の遺骸を入れた柩は、その日の夜中に伏見城内より京都東山の阿弥陀ヶ峰に運ばれた。通夜もおこなわれない早急な葬儀は、単に秀吉の死を隠すためだけのものではなく、神儀による葬儀であった点は見逃せない。当時盛行していた吉田神道では、人を神として祀るには、その遺骸が不浄であってはならず、そのため没した日のうちに埋葬することとしていた。このように秀吉は死んだのちに神として祀られるという、それまでの武士の葬儀とは違う形態の葬儀となったのである。事実、秀吉自身は神位として、新たな八幡神という意味から、新八幡を望んでいたようである。秀吉を葬った阿弥陀ヶ峰は新八幡社、新八幡宮と呼ばれていた。しかし、朝廷はこの名を良しとせず、勅許を得ることはできなかった。そのため後陽成天皇は翌慶長四年四月一八日、秀吉に対して正一位豊国大明神の神号を贈っている。

その秀吉を葬った廟所であるが、阿弥陀ヶ峰の山頂に秀吉の遺骸を納めた甕を埋め、その上には石塔などは設けられず、方形の廟堂を設けていた。『戸田左門覚書』によると、「此年山城国東山阿弥陀峯の下に太閤御廟所を被建、内府公萬事御差引被仰付、事調て翌年慶長四年八月十八日　内府公を始天下の大名参詣、豊国大明神と勅願下され、正一位太政大臣の贈号を給り、将軍塚のならひ阿弥陀峯に被死骸を壺に入朱ニつめ棺槨ニ納ム、」とあり、遺体を壺に入れて朱をつめ、棺槨に納めて葬ったことが知られる。そしてその西麓に建立されたのが豊国社である。秀吉の死は秘匿されており、社殿の造営は山麓に造立されていた方広寺の鎮守として、大仏山寺ノ鎮守社の建立というのが表向きの理由であった。しかし、実際に秀吉の死は早い段階で朝鮮側にも知られており、慶長四年になると、新八幡社、新八幡宮と呼ばれるようになる。しかし、この神号は朝廷から与えられたものでもなく、ようやく豊国大明神の神号を贈り、正遷宮祭が営まれて、正式に豊国社が誕生したわけである。

豊国社には宮司・別当、祝一二人、禰宜二〇人、神供所一〇人、巫女八人、神楽男八人、黄衣二〇人などのほか、一〇〇人を超える社人がいた。まさに豊国社は豊臣家の始祖秀吉を祀る社として、豊臣家が威信をかけて造営した社であった。

ここで注目しておきたいのは、秀吉廟と豊国社の平面構造である。山頂は遺骸を埋葬した場であり、その山腹に参拝の場として墓所とは区分して豊国社が造営されている点である。これは神として葬られたという構造であったことはもちろんであるが、墓と社殿が一体化した神社はなく、神となった天下人は墓と拝殿を共有したと考えられる。

ところで秀吉はなぜ阿弥陀ヶ峰に葬られたのであろうか。阿弥陀ヶ峰は標高一九六メートルを測り、京の鳥辺野として有名な場所であり、その名称は行基が阿弥陀仏を安置したことに由来している。なお、『戸田左門覚書』に「将軍塚のならひ」とあることより、異変に際して鳴動する将軍塚をも意識した場所であったと考えられる。また、東山の地は秀吉の建立した大仏山寺（方広寺）が営まれた地であり、さらには秀吉の嫡男で夭折した鶴松の菩提寺として建立された祥雲寺（現智積院）もあった。いわば東山は豊臣家の京都における信仰の場であり、その頂点に葬られることを望んだのであろう。

一方、秀吉の正室北政所は寛永元年（一六二四）に没すると、遺骸は翌日に高台寺の霊屋に埋葬される。高台寺も東山に位置しており、やはり東山が豊臣一族の墓所であったことを物語っている。

こうして成立した豊国社は全国に勧請される（図1）。例えば熊本では慶長四年（一五九九）加藤清正により勧請された。瓦には金箔瓦が用いられていた。加藤氏改易後に撤去されたが、加藤氏の改易は、度重なる幕府の豊国社の祭礼中止に従わなかったことが理由ともいわれている。

弘前では、本丸の内堀を隔てた北郭の北東隅に館神と呼ばれる神社が二代藩主津軽信枚によって建立されている。ここには太閤秀吉の木像が御神体として安置されていた。館神では加持祈祷が執り行われた。平成一一～一二年（一九九九～二〇〇〇）の発掘調査では、鳥居の礎石や本殿の柱穴、柵列などが確認されている。館神本殿に安置されていた厨子堂は高さ六八センチメートル、方一間の規模で、屋根は入母屋造の木瓦葺きで、中には稲荷倚像とその背後に豊太閤坐像が安置されていた。現在革秀寺が所有するこの豊太閤坐像は、秀吉が生前に彫らせた三体のひとつと伝えられる像高七センチメートルの束帯姿の坐像で、石田三成に与えられたものという。明治四年（一八七一）の館神社殿解体の際に持ち出された。

石田三成が佐和山城下に勧請した豊国社は、慶長五年（一六〇〇）の関ヶ原合戦後に佐和山城が攻め落とされたときに同時に焼失、もしくは直後に破壊されたものと考えられる。佐和山周辺に残された小字のなかに、佐和山北方の

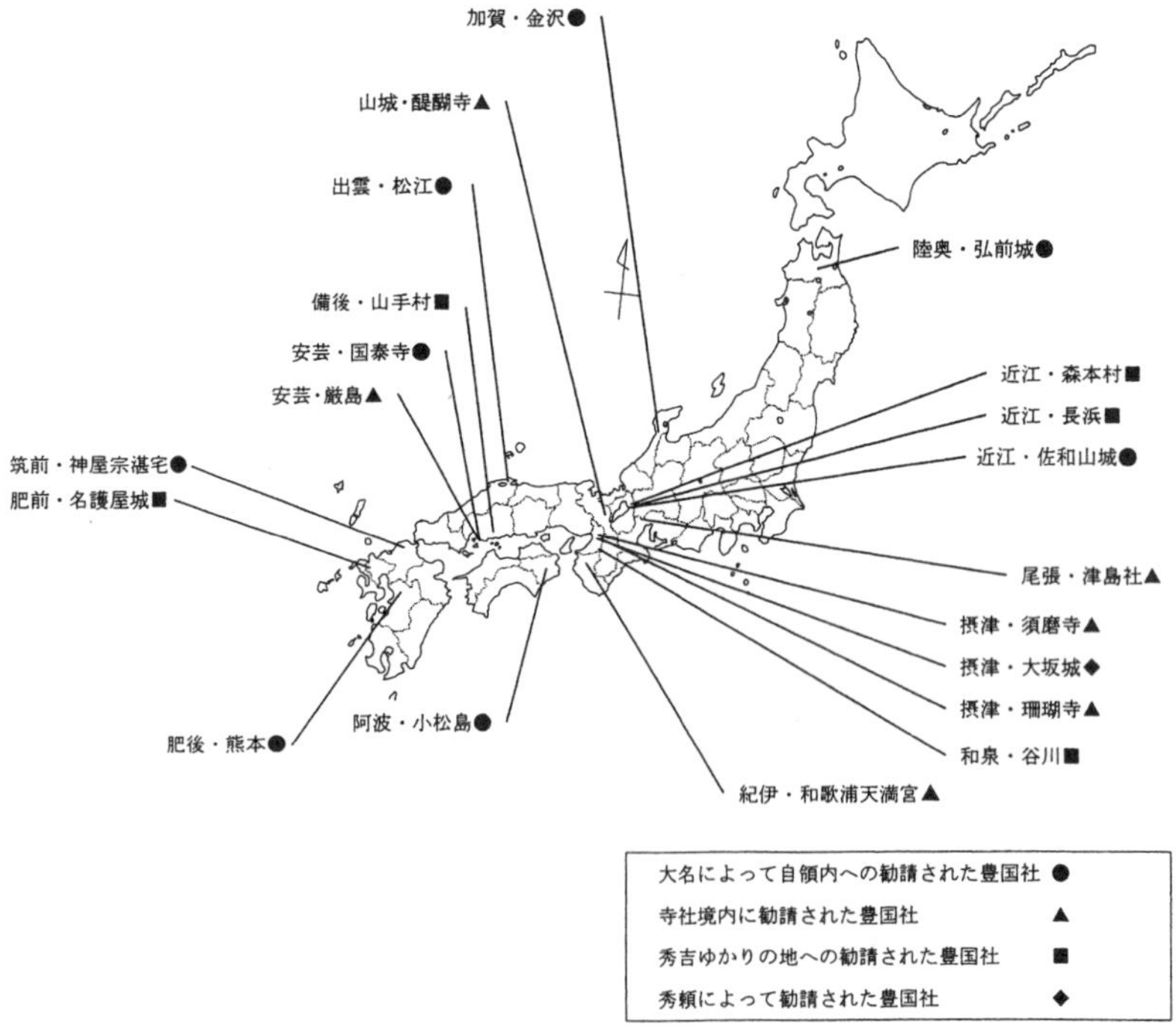

＊この図は北川央氏の「豊臣秀吉像と豊国社」（『肖像画を読む』（角川書店）所収）をもとに作成したものである。

図１　各地へ勧請された豊国社（津田2004による）

谷筋奥に「豊国」「蓮花」が認められ、この谷に豊国廟や寺院などが構えられていた可能性が高い（図2）。このように全国に勧請された豊国社は約二〇を数える。

ところが、元和元年（一六一五）一二月に大坂夏の陣が終結すると、徳川家康によって豊国社破却の沙汰が出され、豊国大明神の神号も剥奪されてしまったのである。そして秀吉を神として祀ることが禁止される。豊国社が破却されると阿弥陀ヶ峰の廟堂だけが残されたが、元禄一〇年（一六九七）には盗掘に遭い、延享四年（一七四七）には廟堂も解体され、秀吉廟は荒廃したまま明治を迎えた。

徳川幕府によって神位を剥奪されたが、維新後は東照大権現の権威を否定する材料として、明治政府によって復活することとなる。すでに幕末の慶応四年（一八六八）には、明治天皇により豊国神社再興の沙汰

図2　佐和山城下地籍図（○部分：「豊国」「蓮花」が見える）

があり復権することとなる。そして直後には、阿弥陀ヶ峰の秀吉廟再興の太政官布告が公布される。そして明治九年（一八七六）には東山に豊国神社再建の造営が始まり、同一三年に完成し、正遷宮の儀式が執り行われた。一方、阿弥陀ヶ峰山頂の秀吉廟では、明治二年（一八六九）に豊後日出藩によって周囲に柵が取り付けられる。そして明治三〇年（一八九七）には巨大な五輪塔が再建される。

この再建に際する基礎工事で、地下三尺余りのところから遺骸が検出された。その際の顛末を記した湯本文彦によると、三尺ほど掘り起こしたところに、銅の針金で束ねた瓦経が出土したとあり、これは秀吉の百五十回忌にあたる延享四年（一七四七）に、妙法院宮堯延親王が供養のために納めたものである。この瓦経を取り除くと、胞衣壺のような小壺が二点出土し、そのなかには骨灰とみられるものが入っていた。壺の下にやや平たい川原石があり、その下に一抱えもある壺が置かれていた。壺は素焼きで粗造なるものとあり、高さは三尺弱であった。掘り出されたときには、叉手して西向きに趺坐する人骨が認められたとある。一方、同じく現地を調査した日野西光善は方七、八尺の坑に木棺があったようだとしている。また、蝦夷錠や板材のあったことを記しており、これが元禄に盗掘を受けた副葬品を入れていた箱ではないかと推定している。日野西は木棺としているが、湯本の聞き取りでは壺（おそらくは焼き締めの大甕）とあるが、遺骸を納めた容器は甕とみてよい。こうした不時の発見ではあったが、秀吉は趺坐した状態で甕に納められるだけの埋葬であったことが判明した。副葬品もごく限られたものだけであり、遺骸についてはほとんど重視されていなかったことがわかる。

二　東照宮

元和二年（一六一六）四月一七日、徳川家康は駿府城内で七五年の生涯を閉じた。遺骸はその日のうちに久能山に埋葬される。これも神儀によるものであった。ただ、秀吉と違う点は、家康は死を目前に自身の葬儀について崇伝と天海に伝えていることである。家康は遺言のなかで、①遺骸は久能山に納めること。②法会は江戸増上寺でおこなうこと。③霊牌は三河大樹寺に置くこと。④御周忌が終わった後に日光に小堂を作り祀ること。⑤京都南禅寺の塔頭である金地院に小堂を作り祀ること、というものであった。さらに家康は榊原照久に、西国鎮護のため神像を西に向けることなど、細かく廟地についての指示をしている。

神号の授与については、廟所造営が大明神造りによって築かれていた。このため梵舜と天海の間で明神と権現について協議がおこなわれ、天海が朝廷に神号協議に遣わされ、朝廷からは、東照大権現、日本大権現、威霊大権現、東光大権現の提示があり、東照大権現として祀られることになった。久能山において東照大権現の神号を受けた家康は、日光へと改葬された。なお、この改葬について、家康の霊柩が日光に移されたわけであるが、それは神が移ったものであり、遺骸が移ったものではなかったものと考えられる。おそらく神が移った後の骸はそのまま久能山に残ったのではないだ

図３　家康廟宝塔

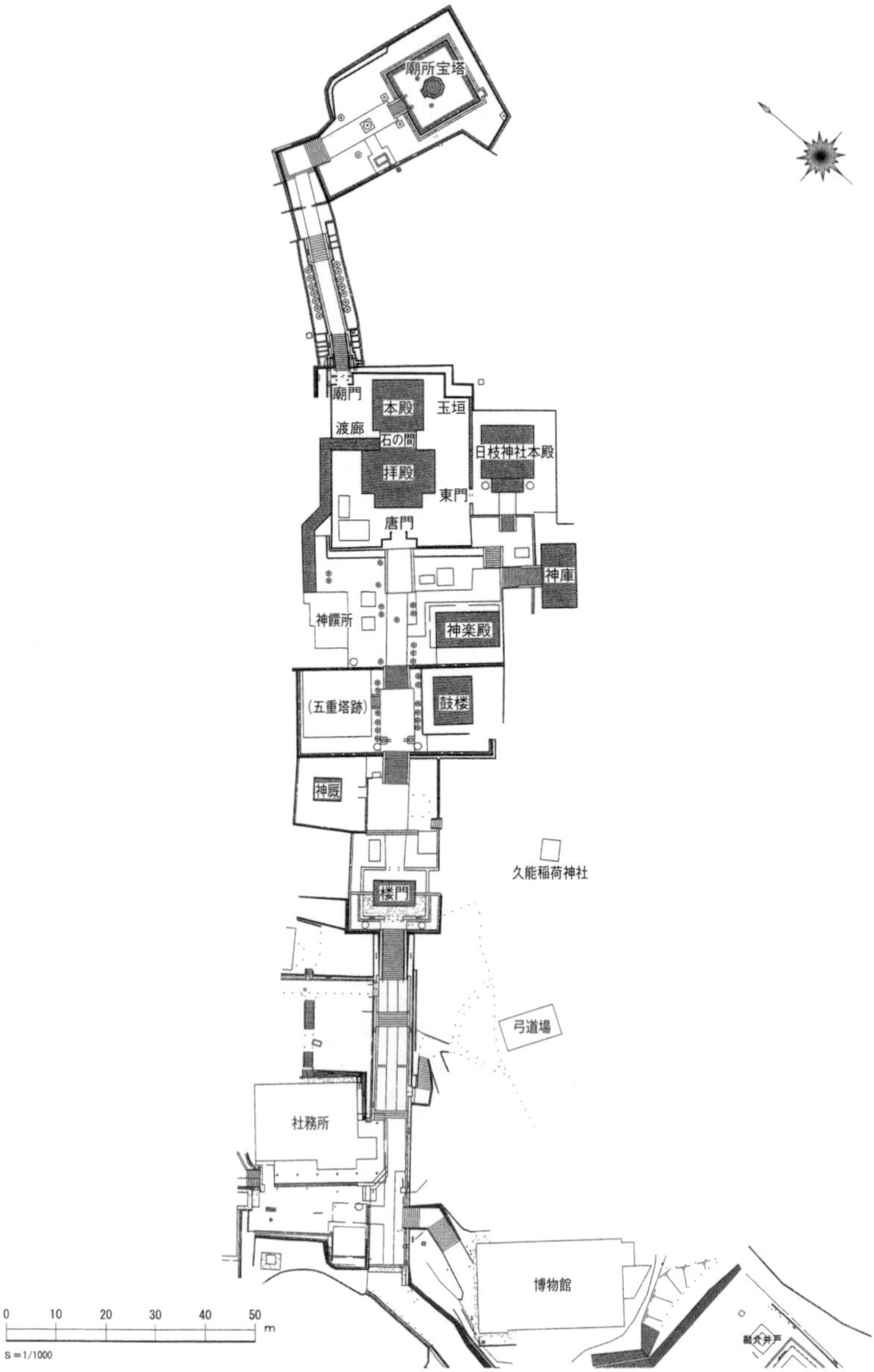

図４　久能山東照宮　境内配置図（久能山東照宮所蔵、一部改変）

ろうか。家康の遺骸を葬った地には当初木造の宝塔が建立されたが、後に石造宝塔が墓標として建立される（図3・4）。以後将軍、御三卿をはじめ徳川家の墓標はこの宝塔形となる。

久能山は標高二一六メートルを測り、周囲からは屹立した山容を呈している。中世には久能山寺があり、戦国時代には久能山城が築かれた。ところで家康の葬地は山頂ではなく、山頂より南に約八〇メートル下がったところである。久能山の山頂ではなく、なぜ現在地に葬られたのかについては不明である。しかし、葬地には木造塔のみが建立されたのであるが、その山腹には東照社（現東照宮）が秀忠によって元和三年（一六一七）に建立されている。

日光にも二代将軍秀忠によって、東照社（現東照宮）が造営される。さらに現在の社殿は、三代将軍家光によって大造替されたものである。さらに全国には膨大な数の東照宮が勧請され、その数は五〇〇社以上におよんでいる。そのひとつである大津の日吉東照宮は、比叡山という天台宗の聖地に建立されている。さらに、全国に勧請された東照宮は、御三家の紀伊東照宮、川越仙波東照宮、金沢東照宮などがある。

そのなかのひとつである弘前東照宮は、弘前藩二代藩主津軽信枚が元和三年（一六一七）に弘前城本丸に勧請し、寛永元年（一六二四）に現在地に移したものである。弘前城では前述したように館神には太閤秀吉も祀られており、津軽氏が大名として公に認められた秀吉、家康いずれもを祀っている点は大変興味深い。

今一ヶ所の東照宮を紹介しておきたい。鳥取藩では寛永一六年（一六三九）に徳川家康を祀る長寿院が建立され、天海の弟子栄春が住持していた。鳥取藩の初代藩主光仲は徳川家康の曽孫にあたり、慶安元年（一六四八）に初めて国入りすると、直後に長寿院で家康の三十三回忌を執り行う。ここには、神である東照大権現家康の曽孫という血縁関係を誇示することにより、領国支配の安定を図ったことがうかがえる。さらに家臣団との結束を図り、藩主専制政治を貫徹するための装置として東照宮の勧請がおこなわれる。慶安元年に幕府に東照宮勧請を出願し、許可されると翌二年より造営が開始され、同三年に完成している。なお、池田光仲は正保二年（一六四五）に紀伊徳川頼宣の娘と結婚しており、因州池田家は外様大名であるものの、家康や紀州家との関係より徳川家の外戚という自負を有していた。幕府は因州池田家に松平姓と葵紋の使用を許可し、鳥取城には葵紋瓦が葺かれるようになった。ここには領国支配とともに、国替えとなった備前池田家との差を明確に示そうとしたことは明らかである。

明治維新後、鳥取東照宮は樗谿神社と社名を変えたが、その参道や社殿はそのままに残されている。そのなかで随神門より社殿に至る参道の両側に家臣が奉納した石燈籠が並んでいる。東照宮を勧請した池田光仲奉納の石燈籠は参道より石段を登った拝殿前に一対建てられており、そこには献燈者として光仲の名前が刻まれているが、その名は家康の曽孫としての、松平新太郎を刻んでいる。注目されるのは、下段参道の八対の石燈籠の献燈者の名である。そこには荒尾、和田、津田、鵜殿、乾ら、鳥取藩の自分手政治を担った重臣たちの名が刻まれている。ここに名を刻んだ家臣たちは、藩主池田家墓所には献燈をおこなっていない。初期の鳥取藩では、藩主とは主従関係にあるものの同等の力を有しており、東照大権現を祀る東照宮には藩主とともに献燈するが、池田家の墓には家臣としては献燈しないという意識が読み取れる。こうした微妙な主従関係を清算するためにも東照宮の造営は重要であった。

三　高野山

近世大名墓の造営については、秀吉廟や家康廟のあり方が大いに影響していることはまちがいないが、

図５　高野山徳川家霊台

今ひとつ重要なものとして高野山における墓の造営である。高野山奥之院に広がる近世大名墓についてはその成立過程が不詳であったが、ここでも秀吉廟や家康廟が影響を与えたのではないかと考えられている。

高野山の奥之院には戦国大名の墓も営まれているが、それらは近世になってから建立されたものである。これに対して近世大名の墓はそれぞれ家ごとに歴代の藩主墓が造営されている。こうした家ごとの造墓は豊臣家の造墓に認められる。豊臣家墓所は秀吉、大政所、秀長ら七基の五輪塔で構成されている。さらに徳川家の霊台（図5・6）については、『紀伊続風土記』によると「寛永二十年東照宮・御霊屋・尊牌堂等、造営落成す」とあり、高野聖方によって聖方の本山大徳院の背後に寛永二〇年（一六四三）に造営されたことがわかる。また、行人方の本山興山寺の裏山には東照宮があった。『紀伊続風土記』には「当寺第三世応昌、寛永五年台命を奉して勧請す」とあり、寛永五年（一六二八）に造営されたことがわかる。霊台はいずれも桁行三間、梁間三間の宝形造りで、内部には須弥壇上に厨子が置かれている。厨子内には明治初年まで木造の家康像、秀忠像が安置されていた。ところで霊台の解体修理に伴う基礎工事中に、それぞれの霊屋で八個ずつの輪宝の鎮壇具が発見されている。また、家康霊屋の床下からは銅製の壺が一個埋納されていた。この霊台は三代将軍家光が大壇主となって造営されたものであるが、日光東照宮の大規模造替を実施したのも家光であり、これは、祖父であり神となった家康からの正統な系譜を主張するための手段であったことはまちがいない。

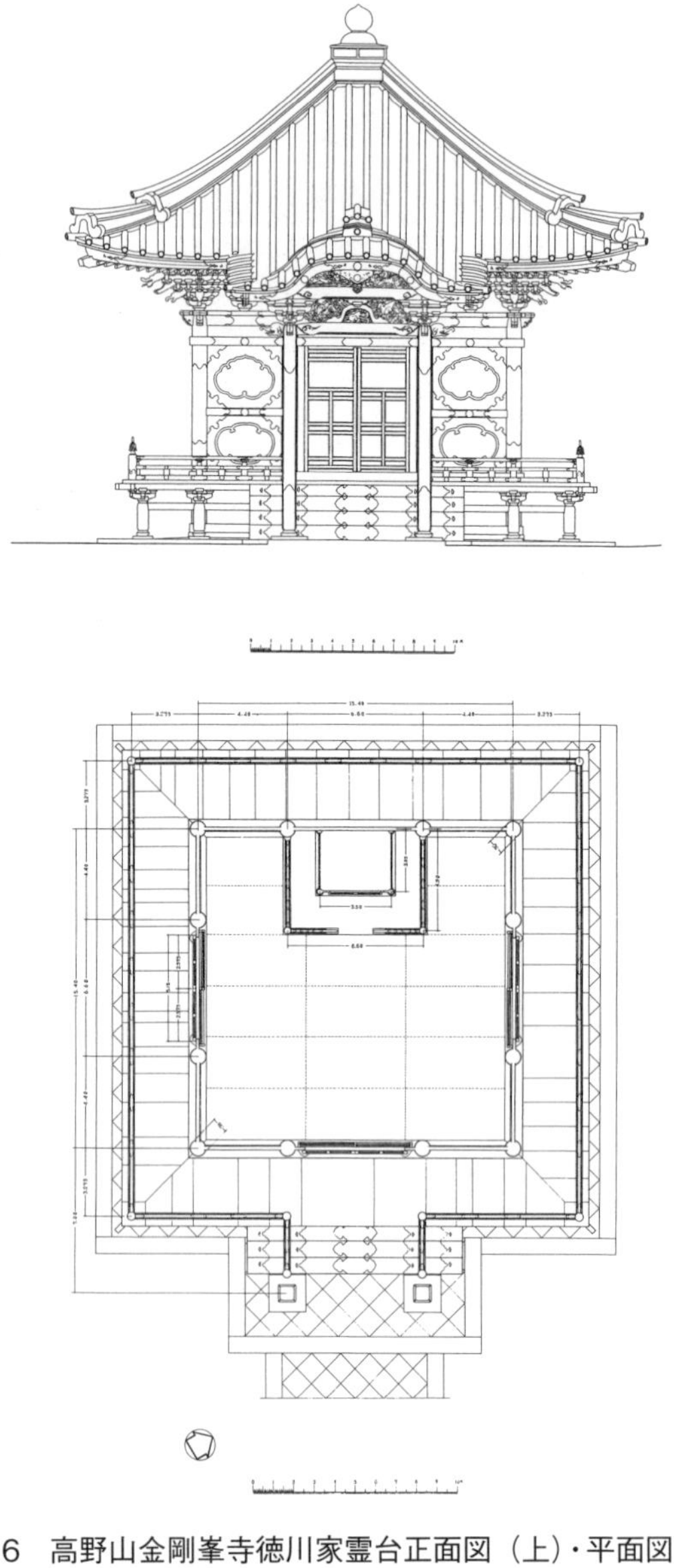

図６　高野山金剛峯寺徳川家霊台正面図（上）・平面図（下）
（財団法人高野山文化財保存会 1962 より）

この他、奥之院には寛永四年（一六二七）に建立された、高さ六・六メートルを測る巨大な二代将軍秀忠室崇源院の供養塔や、慶長九年（一六〇四）、同一二年（一六〇七）に建立された松平秀康（家康次男）、同母の石製霊屋なども造営されている。秀康廟の内部中央には全面に金箔を押した宝篋印塔が置かれ、その塔身を刳り取り笏谷石製容器に頭髪が納められていた。さらに基壇下からは石製外容器に納められた錫製容器が発見されている。容器の蓋には紫雪、熊膽、麝香、大舎供などの文字が記され、容器内には樒の葉、舎利、第二臼歯と、蓋に記された薬種が納められていた。このような構造より、分霊墓として高野山に墓を造営したことがわかる。豊臣家や徳川家によるこうした分霊墓の造営が、その後の近世大名たちも家ごとに分霊墓を造営するきっかけとなったのではないだろうか。

おわりに

豊国社は豊国大明神を、東照宮は東照大権現を祀る社として造営された。いずれも武家の頂点でありながら、死後神位を得て、神として祀られたわけである。この廟のあり方が、後の大名の墓所成立に大きな影響を与えたことはまちがいない。特に徳川将軍家の墓は久能山の配置を踏襲する。それは遺骸を埋葬した墓所と拝殿の分離構造である。神となった遺骸は不浄なものであり、極めて簡素な墓所が営まれた。秀吉の場合は方形の廟堂であり、家康の場合は木製の塔であった。そして分離した場所には社が造営され、神となった秀吉や家康を拝する場となったわけである。あるいは徳川将軍家は秀吉政権の正当な後継者であることを主張するためには、秀吉と同様に神位を得る必要があった。そして唯一無二の武家政権として豊国社を破壊する必要があったものと考えられる。

江戸時代の大名墓は、東照宮を頂点としたものであったといっても過言ではない。そして全国に勧請された東照宮は、ただ単に東照大権現を分祀しただけではなく、江戸時代初期の藩主と重臣たちの不安定な関係を清算し、藩主専制政治を磐石なものとする装置となった。

【引用・参考文献】

湯本文彦　一九〇六「豊太閤改葬始末」『史学雑誌』第一七編第一号
財団法人高野山文化財保存会　一九六二『重要文化財金剛峯寺　徳川家霊台 家康霊屋 秀忠霊屋 修理工事報告書』
津田三郎　二〇〇四「秀吉の死　豊国大明神となる」『神になった秀吉―秀吉人気の秘密を探る―』市立長浜城歴史博物館
芦原義行　二〇一三「豊国大明神の盛衰」『龍谷日本史研究』第三六号

考古資料から見た近世大名墓の成立

松原典明

はじめに

以前、「近世大名家墓所の成立[1]」について発表する機会を与えられたときに、葬法や墓所上部構造と下部構造の違いに着目し大名墓の成立と展開について考えたことがあった。その中で特に成立についての結論として、藩祖あるい近世初代藩主の墓は遺骸埋葬地とその上に建てた墓碑を廟建築で覆う様式が各地の大名家墓所で顕著に認められることから、その成立には中世後半期から盛行する塔頭に系譜が求められると位置づけた。古い事例として、奈良大和郡山市の筒井順慶廟や京都大徳寺塔頭天瑞院（廟は神奈川県三溪園に移設）廟を挙げ、この墓所様式こそが中世と近世を結ぶ伝統的な様式であることを提示した。[2]そしてこの廟建築は、当時、拝する儀礼における可視化的意味合いを重視したと思われ、この点、後継の秀吉、家康、徳川歴代将軍をはじめとする各地の大名は廟建築に絢爛豪華な装飾を付加し、廟内部においては六尺余りの彩色五輪卒塔婆に四十九院を記し巡らすなどして荘厳する様式（高野山・佐竹藩主佐竹義重逆修造立霊屋（慶長四年（一五九九））・佐賀蓮池鍋島家霊屋・宗眼寺など）を創出し藩主を祀る墓所様式の基本形とする意識が醸成された。

このような藩主墓所を廟として祀る様式は全国的な傾向で展開され、歴代藩主をこの様式で祀ることのできる藩は建築造営を含む経済的な負担が大きいことから限られるが、一九世紀段階までこの様式を確認することができる点からも、最も基本的な大名家墓所の根幹的な様式と言えるのではないかと思う。一方、一七世紀後半段階には新たな歴代藩主の祀り方として外套である霊廟建築が外され拝殿、拝所を墓碑の正面に仮設し、埋葬地を示す墓碑の周囲を石柵で結界する謂わば形骸化した様式が考案された。彦根井伊家、鳥取池田家、深溝松平家墓所様式は形骸化に向かう段階の最も典型的な墓所様式と考える。この段階は、覆屋が外れることで、可視的になる石塔部分に意識が注がれたことは、塔形以外の独自の墓碑が顕著になることと連動するものと思われる。また、墓碑部分以外を形成する墓所付帯施設は、独自性を強く意識した墓碑の創造とは相反して画一化することが読み取れる。このような付帯施設の画一化は、現代の墓所構造に繋がり、画一化段階こそ近世大名家墓所様式の「成立」を示していると考えられるが、一方では形骸化のはじまりを示しているのではなかろうか。

そこでここでは伝統的とした廟建築を伴う藩主墓所以外でこれまであまり取り上げられることがなかった様式として、一七世紀前半代に認められる墳丘や亀趺碑を伴う墓所構造に着目し、伝統的な墓所以外の墓所を創始した彼らの造墓意識とその背景がどのようなものであったのか示すことで、近世大名家墓所成立前夜の様相を示してみたい。

目論みとして伝統的な墓所構造以外を採用した墓所造営の背景には、近世初期における藩祖あるいは藩主の遺命による造墓意識が反映されている場合が多いと思われるが、藩祖、藩主を祀る二代目藩主の先祖に対する意識や先代の遺骸に対する死生観が具現されている事例も少なくないと考えている。これらの意識を造墓の様式から捉えて、それがどのような背景から成立するのかを、明らかにすることで、近世初期の大名墓創出の新たな一端を示すことができるものと考えている。

資料としては、近世大名家あるいはそれに匹敵する家臣墓所のうち、近世期において比較的早く墓所造営を実践した加賀藩前田家とその家老職奥村家あるいは三次藩浅野家、水戸藩家老職である中山家の墓所造営を例とした。

一　前田家における墓所造営

加賀藩前田家墓所[3]の造墓は、慶長四年（一五九九）に没した初代前田利家が天正一五年（一五八七）に先立って没した兄である前田利久の葬送を自らが執行し、これを前例とし塚への埋葬を遺言したことにはじまる（『加越能文庫』）。

葬送記録では、大坂で薨じ四日間かけて金沢まで長持ちで運び、長持ちのまま甲冑など武具類を副葬品として塚に埋納したとされている。埋葬における地下構造や甲冑の副葬など秀吉、秀忠、池田忠雄例に類似するが、墓所の上部構造が特異である。方形で一方向が開いた周溝の中央に方形三段築成の塚を築く様式であり、古式である利久、利家墓だけは塚前面に方形土檀の造り出しを有している。この造出には石廟が配置されていたとされる。財団法人成巽閣に初代利家、二代利長をはじめとする多くの石廟図が遺されている[4]。

墳墓の前面に石廟を据えることを想定するならば、加賀藩における墓所様式は、石廟に参る様式であり、石廟がまさに拝殿である。拝殿内には祀る対象物として位牌が納められており、これを拝するような儀礼・祭礼が想定できる。つまり石廟内に納められた宝篋印塔は、塔形をした位牌であると考えられる。

葬地と拝殿を組み合わせる墓所様式は、前年に亡くなった秀吉、元和二年（一六一六）に没した家康そしてこれを規範とした徳川将軍家歴代墓所においても認められる。

一方、加賀藩支藩である富山藩前田家歴代墓所[5]の構造を見てみると、まず規模、形状の違いはあるものの塚を築造することが共通する。富山藩の場合、塚の上に石碑を載せる様式を採用しており宗家との違いを意識した造墓と捉えられるが、墓所形成年代を確認すると、富山藩初代利次の没年が延宝二年（一六七四）であることから、碑を塚の上に立てる様式は、新たに創始された様式である。また、宗家野田山墓所におけるこの様式は、一七世紀後半から若干認められるもののその中心は一九世紀以降に最盛期があるようである。[6]したがって富山藩に採用された塚上に碑を載せる様式は、近世中期以降、分家である富山藩が新しい墓所形成に伴う様式として創出したものと位置づけが可能であろうと思う。「遠慮」を前提としたヒエラルヒーのもと、宗家との違いを意識した結果であろうと考える。

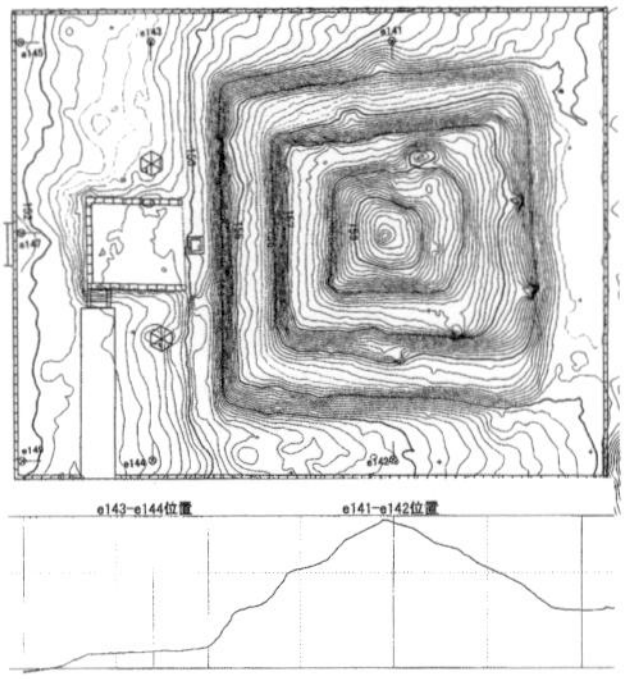

1　加賀藩初代前田利家墓（1599年没）

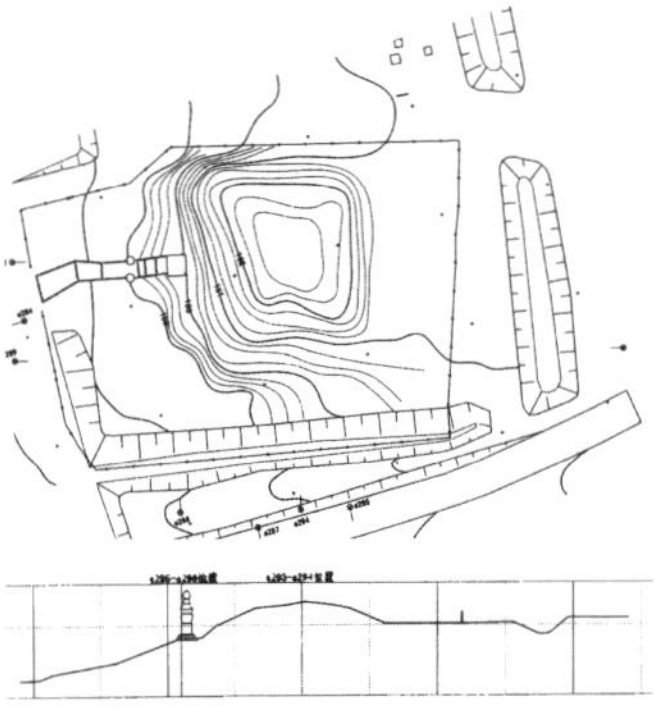

2　加賀藩初代利家四女墓（1634年没）

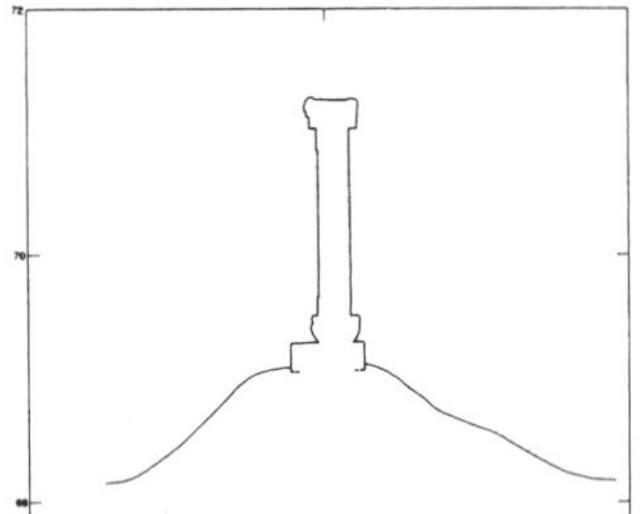

3　加賀藩城代松平四代家済室墓（1744年没）

図1　前田家墓所様式（註3より）

以上みてきたように、墳丘と墓碑の関係は何を示すのであろうか。この点について野田山墓所内藩主墓所に最も隣接した位置に墓所を形成することを許された加賀八家の内、奥村支家の墓所様式に着目し、[7]読み取れることを示してみたい。また、塚を有する墓所の消長も概観しておきたい。

二　加賀藩前田家家老職奥村支家墓所造営

加賀藩前田家家老職奥村支家は、加賀藩前田家行政組織の最高官職として存在した加賀八家で、禄高一万二千五石を有する大身の家臣で藩主を補佐する執政役の最高位の家である。

奥村支家墓所は、初代易英（奥村永福次男）の嫡男和忠が三七歳で没しているために和忠の長男庸礼《やすひろ》が祖父易英が没した後に二代目（嫡孫）として家督を継いだ折に造営した。

二代目庸礼による奥村家墓所造営は、奥村宗家初代永福（曾祖父）の墓碑と共に亀趺碑を建立することに始まる。永福は、寛永元年（一六二四）に没している。曾孫に当たる支家二代庸礼は、曾祖父顕彰のために、寛文十三年歳次癸丑夏六月十有二日（一六七三）に亀趺碑（砂質凝灰岩製）を造立するために、撰文を木下順庵に依頼した。

碑は、花崗岩製の亀趺の上に花崗岩製の半円状の笠を載せた砂岩製螭首碑が載る。墳丘の前に据えられた墓碑は、頭部に雲首を載せた位牌型で、正面に左に「故朝散大夫丹州刺史奥村君」右に「配　加藤孺人」と記されており夫婦合祀墓であることが明らかである。

墓所の地下構造は不明であるが、碑の後方に奥行のある塚を持つ。塚は原形を留めていないが、円墳状と言うよりは平面形が縦に長く後方がやや高い形状と思われ、所謂「馬鬣封」を想起させる。奥村支家歴代の墓所の造営を確認すると、分家初代である易英以降の墓碑は同型式が採用されており墓碑の後方に塚を有する儒葬様式の墓所であることが共通している。

　初代易英墓の碑に記された銘文を確認すると、「孝孫庸礼泣血記」と記されている。これはまさに朱子が母孺人のために執り行なった喪礼に倣い、林鵞峰が母亀孺人の喪礼を執り行い『泣血余滴』(8)を遺すが、その序で「親喪泣血之言而号泣余滴」と記したことに通じているものと捉えられる。さらに墓と亀趺碑を組み合わせた墓所様式に着目すると、二代庸礼は、加賀藩三・四代藩主光高に近侍し、特に五代藩主綱紀にも

図２　奥村支家初代易英の墓碑と亀趺碑

重用された。彼は幕府儒臣であった林鳳岡、木下順庵や、水戸徳川家の客儒であった朱舜水を師とし朱子学を学び「読書抜尤録」二巻の著作があることが知れる。また、庸礼は、五代藩主綱紀が重用した木下順庵を中心に松永永三、石川丈山の門下・平岩仙桂、沢田宗堅、吉川維足の門下である田中一閑（宗得）や室鳩巣などから儒教を学び、多くの儒者と密接な交流を繰り返していたことは既に拙稿で触れたので参考としていただきたい。[9][10]

ここでは、新たに亀趺碑の建立や雲首を載せた位牌形式を墓碑として藩祖の事績顕彰のために採用した経緯について、順庵の交流を通じ堀杏庵と石川丈山に着目する。両者は奥村家亀趺碑が墓所に造立される以前に没しているので、奥村支家墓所造営における直接的な関係はないが足跡を紐解いてみると撰者である順庵との接点が見出される点が共通する。

石川丈山は寛永一七年（一六四〇）、明の邵夢弼編『杜律集解』を入手したことで松永尺五と読了に至るまでの学問的な交流があり、尺五門である秀俊な木下順庵とは次韻すなど交流が繰り返されていたことが指摘されている。また時間は前後するが、堀杏庵と石川丈山の交流は、杏庵が寛永一六年（一六三九）と同一八年において、儒教の「義」・「忠臣」を重視する意識から、殉死者の顕彰を行う。特に「石川朝臣主馬佑吉信公墓誌銘」、「本多親信墓誌銘」において彼らの事績を積極的に撰文した。係る事情において、石川丈山も加わり亀趺碑の建立に至るという経緯は指摘されているところであり、両者の交流の密度が窺える。[11][12]

三　広島浅野分家三次藩初代浅野長治墓所造営

広島浅野家分家三次藩初代浅野長治[13]は、寛永九年（一六三二）に父長晟の遺領のうち備後国三次郡と恵蘇郡に五万石を相続し庶子として三次藩を立藩する。そして寛永一五年（一六三八）父浅野長晟七回忌に木製亀趺碑を造立した。この亀趺碑の撰文を堀杏庵（碑文中には「尾陽路儒学教授兼医官法眼杏庵正意誌」と記されている）が行っているのである。この碑は亀趺碑の頭部が雲首形であることが特徴で、この型式が年代的に奥村家墓碑に先行して用いられていることに注目しておきたい。

四　下野烏山藩主堀親昌造立の亀趺碑

同様な木製の亀趺碑を菩提寺に奉納した事例とて、下野烏山藩主堀親昌造立の亀趺碑(14)を挙げる。烏山藩は、戦国期末には烏山資晴が治めていたが、豊臣小田原攻めに参陣しなかったことから改易となり、烏山は長い間、譜代領地となり成田家、松下家が治め、寛永四年（一六二七）に二万五千石で堀

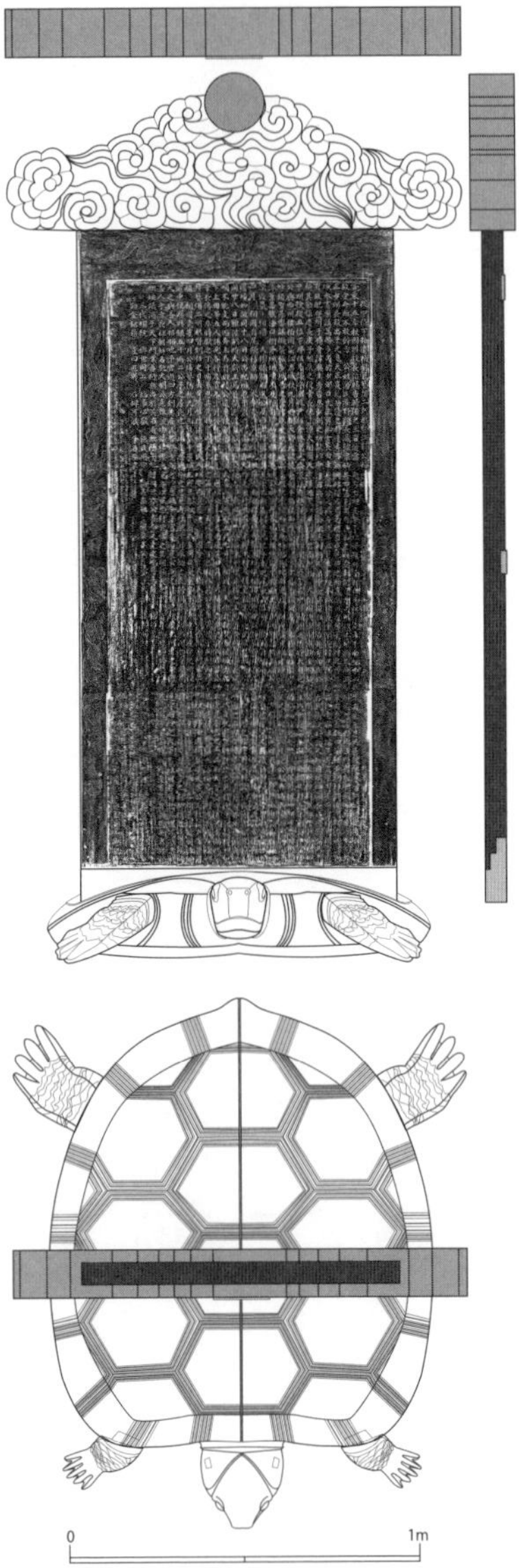

図３　安芸三次藩浅野長治神道碑
（鳳源寺蔵実査）

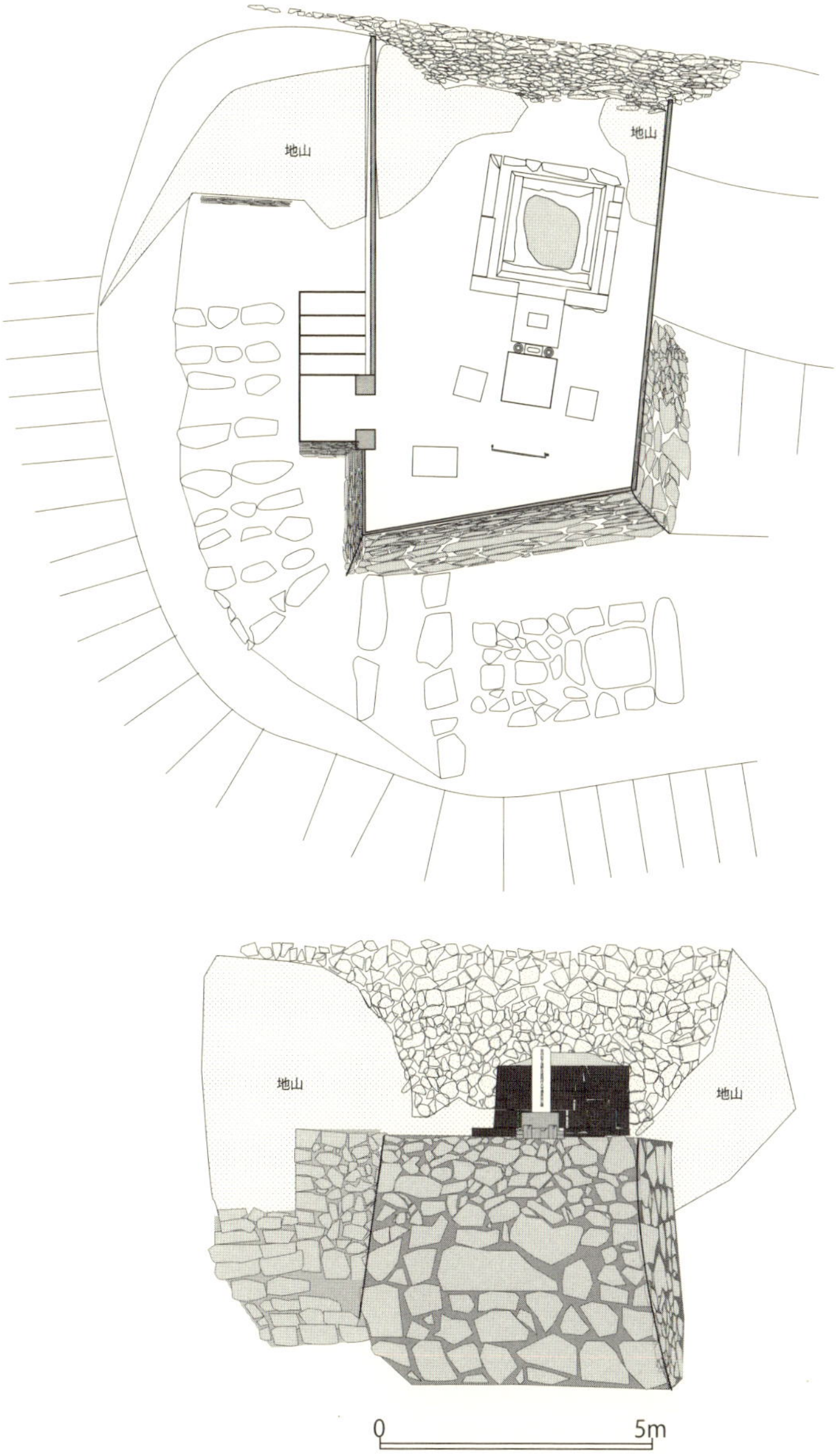

図４　浅野長治墓所全体図（一部略測）

親良が治めた。親良は寛永一四年（一六三七）に没するがその前年である寛永一三年に堀又七郎（親昌）宛ての書置[15]を遺している。これによれば「相果候砌・・・紫野流ニてちりはいニ被仕可給候……大徳寺高野ニて子供ふり廻し……」と遺言を記しており火葬によって大徳寺塔頭と高野山に分骨を納めるが「ひそかに」、「かすかに」弔いを行うことを示している。一方、着目したいのは、嫡男、掘親昌は翌年、烏山城の修復を行うなどして藩政の基

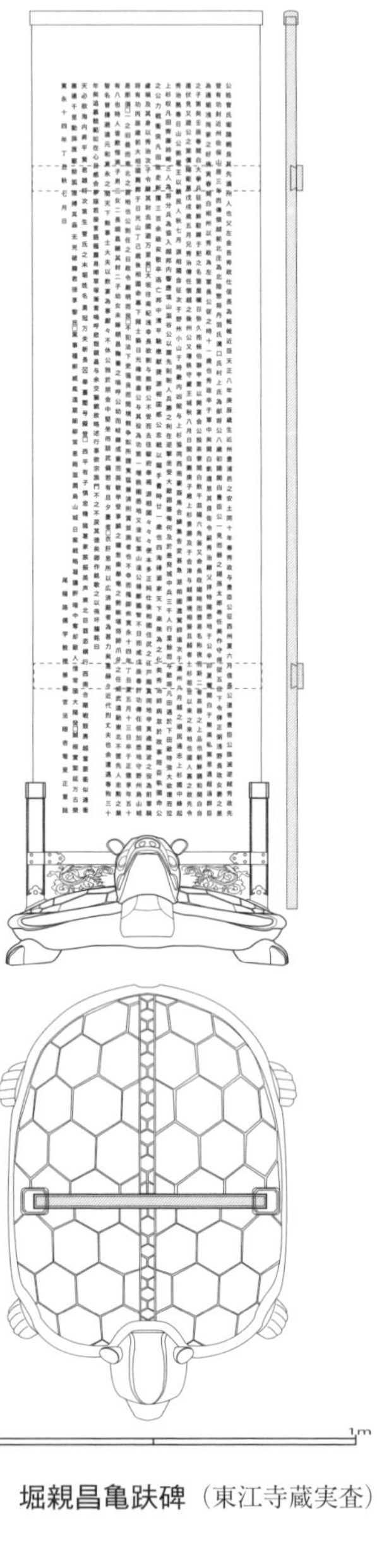

図５　堀親昌亀趺碑（東江寺蔵実査）

図６　成瀬正成墓碑
（名古屋市平和記念公園内墓所）

盤を作り、父親良が開基した東江寺に父を顕彰する木製亀趺碑（寛永一四年丁丑秋七月日銘）を奉納していることである。実査の上、撰文を確認したところ図5に示した通り「尾陽路儒学教授兼醫官法眼杏庵叟正意誌」と撰文を堀杏庵が記していることが確認できた[16]。

さらに「堀杏庵」に着目しその足跡を振り返ると、尾張徳川義直に乞われ安芸広島藩を致仕し尾張儒臣として仕えた。ここでは「尾張藩付家老成瀬正成墓誌[17]」を撰文している。この墓碑は現在、名古屋市平和公園にあり、犬山藩主四代成瀬正幸が正成没後九一年後に新造（正徳五年〈一七一五〉）したことが碑陰に記されている。再建墓碑ではあるが、元の碑の撰文は堀杏庵であったことが共通した。

五　亀趺碑勧請と墓所

続いて「亀趺碑」をキーワードとして「イエ」の墓所造営に際し亀趺碑を建立あるいは菩提寺を開基し亀趺碑、神道碑などを勧請した例に触れておきたい。資料として飯能市智観寺を菩提寺とした水戸藩付家老中山家[18]をあげたい。

智観寺における中山家墓所は二代信正が初代信吉墳墓を能万寺から改葬することで以後、菩提寺としての「イエ」の墓所として意識した結果造営がはじまる。造営の最初に亀趺碑によって中山信吉の事績を示し、中山家の由緒付けを行ったのである。同様な事例として深溝松平家六代忠房[19]も、福知山、島原と転封したが善明合戦以来因縁の地である深溝を先祖の墳墓地と定め墓所造営に際して万治三年（一六六〇）に亀趺碑の撰文を林鵞峰に依頼し、寛文一二年（一六七二）に碑が完成し、近世初代忠利を顕彰するために肖影堂を創り祀った。この事例も、配領地へ墓所造営を行う構造を示す好例と言え興味深い。忠房の足跡及び儒教・神道への傾倒は、直接、深溝松平家の規範を創り出したのであった。

六　墳丘を有する墓所二例

古河藩永井家の墓所[20]（図７）がある。古河藩永井家墓所は、永井直勝の葬地として営まれた。葬地上に径四メートル、高さ約一メートル程度の円形の塚が築かれておりその全面に三メートルを超す宝篋印塔が据えられている。そして塔の前面に、永井直勝の頌徳碑を建立しているのである。また、永井直勝墓所の造営、永井尚政の墓所造営においても、本家分家共に、父である永井直勝を顕彰する神道碑あるいは形は亀趺碑であるが藩祖を祀る碑として同義と思われる碑を造立していることに注目しておきたい。これは先に見た中山家に共通しており、菩提寺あるいは「イエ」の墓所造営における共通し

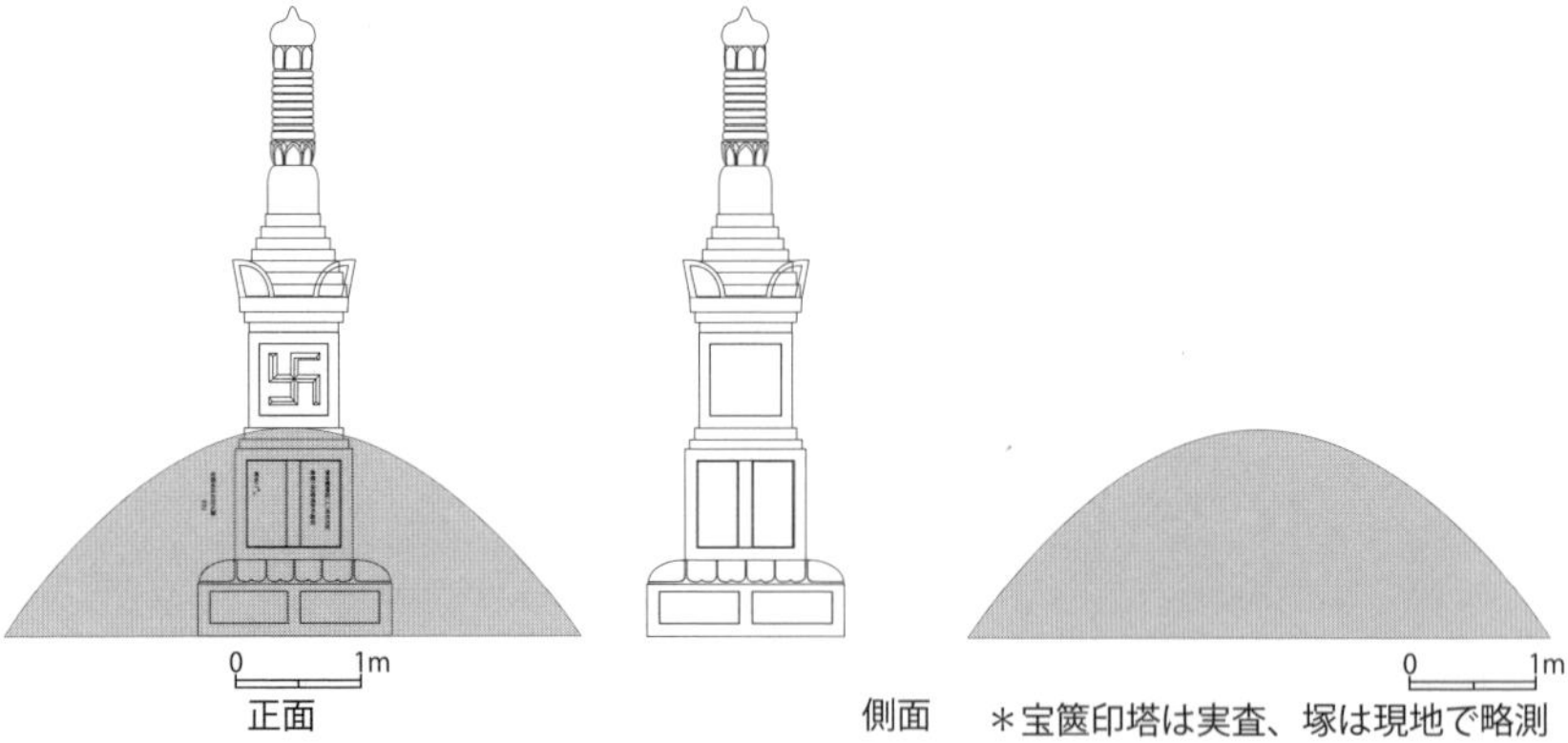

図７　古河・永井直勝墓所（実査、一部略測）

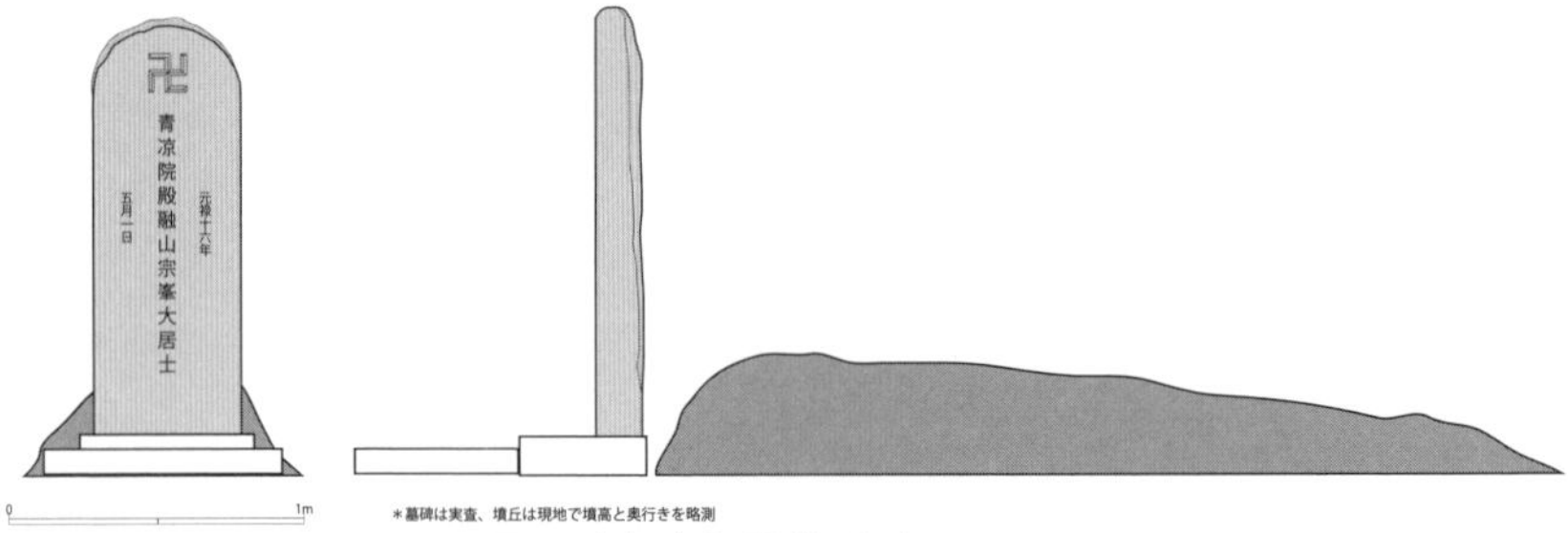

図８　黒石津軽家信隣墓所（実査、一部略測）

た意識があったものとして理解したい。詳細については永井家墓所造営を例として別稿で示したい。

続いて、墳を伴う墓所様式に視点を置けば岐阜県恵那市岩村藩主三代丹羽氏純墓（岐阜県恵那市、延宝二年〈一六七四〉没）がある。

また黒石津軽家二代藩主信敏の三男信隣《のぶちか》は、元禄一六年（一七〇三）に没する。曹洞宗保福寺を菩提寺としたが、彼の遺骸は黒石津軽家初代津軽十郎左衛門信英の孫にあたることから、信英の馬鬣封を伴う墓[21]である黒石神社の北に埋葬された。

構造は、礼拝の拝石が据えられ、円首の墓碑が建てられその後に塚がある。塚は馬鬣封に類似する。塚を築く墓所の場合は『家禮』をテキストとした埋葬を想定しておきたい。

以上、堀親昌、浅野長治の事例を古い例として、先祖崇拝による自らの位置づけに拘った神道色の極めて強い思想を背景とした造墓を示した。

おわりに

近世最初の藩主は、幕府との関係に意識を置き、「イエ」の存続のために徳川家との由緒付けに一所懸命になった。

そこで寛永一八年（一六四一）、幕府がはじめる「寛永家系図伝」[22]の編纂事業（寛永二〇年完成）との関連を指摘しておきたい。

幕府は、「寛永家系図伝」編纂事業の中心に林羅山、鵞峰、堀杏庵を当て、江戸前期の武家系譜の嫡流、庶流の別を明らかにすることを目的として旗本に及ぶ一四〇〇余家に系譜提出を求め、改めて幕府との位置関係を秩序だてて幕府の位置を認識させたのである。さらにこの潮流を創出し得たのは、家光自ら正保二年（一六四五）に朝廷に執奏し、家康の藤原姓や秀忠の豊臣姓を源姓に新調するなど謂わば豊臣との関係を粉飾し過去を改竄した。さらに幕府自体も榊原忠次が編纂した『御当家紀年録』[23]をもとに林鳳岡を中心に据え天和三年（一六八三）から三年かけて『武徳大成記』という徳川家の由緒ともいうべき歴史書を完成させる。これらの幕府事業は、各大名の意識改革をも促進させ、各大名家における「一族の墓」の認識と幕府との関係が明らかな「家」、「一族」こそが幕府への忠誠を示すものとして認識し、その装置としたのが中国、朝鮮半島における王陵の制を参考とした「亀趺碑」の造立ではなかったのかと考えている。そしてこの謂わば「一族の由緒創り」の実践において重要な役割を果たしたのが、各藩の儒臣（儒者）とそのネットワークといえる。[24]このようなことから一七世紀中葉は、近世大名墓の成立における最も重要な時期として捉えられ、その後展開する画一的な大名墓創出の初源もこの時期に見いだせるのではないかと思う。また、一七世紀末から一八世紀前半における岡山藩池田家、水戸藩徳川家などの自由な自葬墓造営意識を刺激した可能性もあったものとして注視しておきたい。

以上、近世大名家における特徴的な墓所様式として葬地の上に廟を設ける様式を挙げ、それは中世の系譜を有し江戸時代を通して造られた。しかしこの様式は廟を建築すると言う経済的な負担から、限定的な大名への浸透となり様式は形骸化した。一方、加賀藩前田家の例で確認したように、位牌所として京都大徳寺塔頭興臨院に廟を設け祀り、葬地は国元の野田山墓所に三段築成の墳丘を築きその前面に拝所を設ける墓所様式を歴代が踏襲した。つまり京師における中世の伝統的な廟は位牌を納め、国元を葬地として墳丘とそれに付属する拝所として石廟を設け石廟内に石塔形の位牌を納めている。この様式は、阿弥陀ヶ峰に葬られた秀吉墓を嚆矢に近世初期に展開し、徳川将軍墓も葬地上に宝塔を据えるが、墓所全体の構造は、葬地と拝殿という組み合わせである。遺骸を埋葬した場所を重視し拝する様式である。

藩主以外の武家らの墓所構造においても、墓碑と葬地である墳丘との配置関係は重視され、葬地の前に碑を据える様式を取り入れている。そして、墓碑とは別に、「イエ」＝先祖を重視し、「イエ」の由緒を自らの事績と共に示す碑（亀趺碑）を建立する様式を取り入れている。このような様式が展開する背景には、儒教受容が考えられ、その中心的な役割を果たしたのが儒者であった。この儒者のもつ大きな人的なネットワークは、大名間における婚姻関係はもちろん藩主の子息たちの婚姻関係を見てもその介入は想像出来ることは以前示した。

今後は、儒者を注視するとともに、儒教とその後国内を席巻する神道との混淆状態を、墓所から読み解くことが課題となろう。

【註】

(1)拙稿　二〇一一「大名家墓所の歴史的価値とその魅力」『大名墓を読み解く』鳥取県教育委員会
(2)拙稿　二〇一二「第一章　近世大名家墓所の構造様式」『近世大名葬制の考古学的研究』雄山閣
(3)金沢市埋蔵文化財センター　二〇一二『野田山・加賀八家墓所調査報告書』金沢文化財紀要二八〇
(4)石廟図：金沢市教育委員会　二〇〇八『野田山・加賀藩主前田家墓所調査報告書』
(5)金沢市教育委員会　二〇〇三『野田山墓地』
(6)前掲註5に同じ
(7)前掲註3に同じ
(8)吾妻重二編　二〇一〇『家礼文献集成　日本編一』関西大学出版部
(9)木下一雄　一九八二『木下順庵評伝』
小川武彦・石島　勇　一九九四『石川丈山年譜　本編』
山本四郎　二〇〇二『石川丈山と詩仙堂』

(10)前掲註2に同じ
(11)鵜飼尚代　一九九八「堀杏庵の歴史解釈」林薫一博士古稀記念論文集刊行会『近世近代の法と社会—尾張藩を中心として—』
(12)前掲註8小川武彦・石島　勇一九九四に詳しい
(13)広島県双三郡三次市史料総覧刊行会　一九八〇『三好分家済美録』
亀趺碑は実査、山川公見子氏には実査において有益な助言を頂いた。
(14)林　晃平　二〇一四「亀趺の生成展開—日本における発生と展開」『苫小牧駒澤大学紀要』第二八号
飯田市美術館　二〇一〇『信州飯田城主堀候—時代を動かした郷土の外様大名—』
(15)栃木県史編纂委員会　一九七五「解説　第一章第三節　烏山藩」『栃木県史　史料編近世四』
(16)亀趺碑は、東京都渋谷区東江寺、御住職のご高配により実査。銘文については、東大史料編纂所書誌ID00057126『杏陰稿』所収「前美作守堀親昌墓誌並序」を確認（明治三九年広島市堀寛次郎所蔵より借写された資料である）。
(17)名古屋市平和記念公園内、成瀬家墓所実査
(18)飯能市郷土館　二〇〇三『中山氏と飯能・高萩』
智観寺所蔵の亀趺碑について飯能市郷土館村上達也氏からご教示頂いた。
小山譽城　二〇〇一「水戸藩における付家老中山家の独立志向」『南紀徳川史研究』七号
(19)拙著　二〇一〇「二、本光寺と東西御廟所」本光寺霊宝会『深溝松平家墓所と瑞雲山本光寺』
(20)実査
(21)黒石津軽家二代藩主信敏の三男信隣《のぶちか》墓所実測に際しては、黒石神社宮司・津軽承公氏の配慮により実現
(22)山本信吉　一九九七「『寛永諸家系図伝』について」『日光叢書　寛永諸家系図伝　解題』続群書類従完成会
橋本政宣　一九九七「寛永諸家系図伝と諸家の呈譜」『日光叢書　寛永諸家系図伝　解題』続群書類従完成会
(23)藤實久美子　二〇〇六「榊原忠次による「御当家紀年録」の編纂とその秘匿」『近世書籍文化論』吉川弘文館
松尾美恵子　一九九八「榊原家の秘本『御当家紀年録』」『御当家紀年録』集英社
(24)拙稿　二〇一二「儒者ネットワークと喪禮実践」『近世大名葬制の考古学的研究』雄山閣
＊本論考は平成二六年度年財団法人高梨学術奨励基金特定研究助成の成果の一部を含んでいる。

文献史料から見た大名家菩提所の確立

岩淵令治

はじめに

近世の大名家において、継続性を持った菩提所[1]が確定するには、幕府との関係における藩の確立、藩主家と家臣団の関係の確立が必須条件となる。藩の個性にもよるが、大名家菩提所の確立は、基本的には、参勤交代制や幕藩関係の確立、初期藩制改革などを経た一七世紀後半以降になるであろう。

菩提所の検討にあたっては、国元のみならず、藩主家族の多くが居住し、また他家や幕府との政治的なレベルも含んだ交際が展開した江戸の寺院も併せて検討していく必要がある。この際には、実際の埋葬や墓標の有無にかかわらず、大名家の葬祭の場という視点で見ていく必要があるだろう。また、菩提所の墓標は基本的には庶民に公開されないから、領民支配の装置という機能はなかったと考えられる。むしろ、墓標に表現されているのは、分家・家臣団も含めた「家」内部の秩序であろう（小野二〇〇六）。したがって、「家」の菩提所として、大名当主のみならず、大名家の構成員すべてを対象にする必要がある。

すでに、江戸の菩提所や、当主の「葬地」について江戸・国元の選択の問題を検討し、また藩主の葬儀についても分析をすすめてきたが（岩淵二〇〇四・二〇一一・二〇一二）、本稿ではその概略を確認した上で（一）、譜代大名青山家（寛延元年〈一七四八〉より篠山藩主）が葬祭で関係した寺院の成立過程をみていきたい（二）。

一 「寛政重修諸家譜」にみる当主の「葬地」

まず、幕府が寛政一〇年（一七九八）までの大名・旗本の事蹟を編纂した「寛政重修諸家譜」（本稿では『新訂寛政重修諸家譜』〈続群書類従完成会、一九六四～二〇一二〉を用いる、以下「諸家譜」と略記）より、各大名家の当主の「葬地」を検討したい（本章の出典や分析の詳細は岩淵二〇〇四を参照されたい）。当主の「葬地」に注目するのは、当主の葬祭が大名家にとって「家」の紐帯の強化、さらに支配の装置といった面で、葬祭の中で最も重要な意味を持つからである（岩淵二〇一一）。「諸家譜」の記述は当初の墓所より改変されている可能性も否めないが、全大名家を同じ基準で俯瞰できるという利便性と、この時点以降は幕府・藩とも正式な藩主の墓所として認識した場であるという政治的な意味づけを重視し、検討をすすめたい。

同書に収められた大名家は二六四家で、うち外様は一〇七家、譜代は一三八家、親藩が一九家である。これらの家は、外様・譜代とも一七世紀末までにほとんどが成立していた。外様は八五％にあたる九一家が一七世紀前半までに、一二家（一一％）が一七世紀後半に成立している。また、譜代は約八割の一一〇家が一七世紀前半に、二四家（一八％）が一七世紀後半に成立した。

㈠ 高野山・京都

まず、大名家当主の「葬地」を考える場合、高野山・京都の寺院の存在は無視できない。

高野山には、中世の段階から武家の納骨が行われ、近世に入るとほとんどの大名家が宿坊と関係を結び、石塔を建てた。ただし、「諸家譜」の「葬地」となったのは、秋田藩佐竹家・三春藩秋田家・広島藩浅野家・園部藩小出家・松代藩真田家の外様大名五家、水口藩加藤家・岡崎藩本多家・山崎藩本多家・忍藩松平（奥平）家・府内藩松平（大給）家の譜代大名五家である。ただし、いずれも一七世紀前半には成立していた家で、被葬者の多くも初代・二代までと、主に一七世紀の事例に限られるのである。

一方、高野山と並んで「葬地」として散見されるのが、京都の寺院である。臨済宗大徳寺派の総本山である大徳寺は、一休と侘び茶の関係から、近世の初頭には、大名家が次々に塔頭を建てた。また、臨済宗妙心寺派の総本山妙心寺も近世前期には多くの大名家の信仰を集め、多くの塔頭が建てられている。こうした京都の寺を「葬地」とした大名家は、「諸家譜」の記載では二一家確認できる。足守藩木下家は二代当主以降、初代妹（秀吉正室）の開いた高台院を、また林田藩建部家は大徳寺芳春院を菩提所とした。竜野藩脇坂家・上田藩松平家も、ある時期まで「葬地」としている。しかし、この他に京都の寺院を「葬地」とする例は、一七世紀段階、もしくは大坂・京都に赴任中の当主が没した家（丹南藩高木家・館山藩稲葉家）に限られている(2)。一八世紀には、基本的に京都の寺院は当主の「葬地」として利用されなかったのである。

近世を通じて、大名家の京都の寺院や高野山への信仰は続くが、「諸家譜」編纂の段階で存続していた大名家は、高野山や京都の寺院を当主の「葬地」とする家は少なく、また基本的には一七世紀段階の当主に限られていたのである。

(二) 国元と江戸の「葬地」の成立

幕藩関係の安定によって領地が確定し、証人制度さらに参勤交代制によって江戸の菩提所が確立すると、遅くとも一八世紀以降に没した当主については、国元（ここでは旧領地ほか江戸以外の寺院も含める）か、江戸の菩提所のどちらかを「葬地」とすることになる。江戸の菩提所の成立過程については前稿で検討したので（岩淵二〇〇四）、ここでは国元の菩提所と当主の「葬地」について補足しておきたい。

国元の当主の「葬地」は、一七世紀後半以降は基本的に一ヶ所である。ただし、徳川将軍家の寛永寺・増上寺のように、仙台藩伊達家・盛岡藩南部家・中村藩相馬家など複数の菩提所を使い続ける場合もあった。また、国元の菩提所は、高田藩榊原家（岩淵二〇〇四）や次章で検討する篠山藩青山家など、転封にともなって移転した。しかし、旧領地の菩提所を「葬地」として続ける家も九家みられた。丸亀藩京極家は、氏信（永仁三年〈一二九五〉没）が建立し、葬られた坂田郡柏原庄清瀧村の清瀧寺を宗氏（元徳元年〈一三二九〉没）以来「後代々葬地」とし、同地を領地として拝領している。安中藩板倉家は、好重（慶長八年〈一六〇三〉戦死）を葬った三河国碧海郡中島村の永安寺を以後の「代々の葬地」とし、勝重が当主の時に同地を含めた村々を領地として拝領した。分家の福島藩板倉家・庭瀬藩板倉家も同じく当主の「葬地」としている。大多喜藩松平（大河内）家は、信綱が養子先の長沢松平家から分家し、その子輝綱がもともとの実家である大河内松平家が大河内秀綱の祖母（文禄四年〈一五九五〉没）より葬送の地としていた岩槻の平林寺を、武蔵国野火止村に移転して「葬地」とした。分家吉田藩松平（大河内）家も同寺を「葬地」とし、大多喜藩は転封後も領地として獲得している。島原藩松平（深溝）家は、六代忠房の嫡子好房（寛文九年〈一六六九〉没）より、かつて本拠としていた三河国額田郡深溝村の本光寺を代々の「葬地」とした（幸田町教育委員会二〇一三）。鳥羽藩稲垣家は、伊勢崎藩主の際に開いた上野国佐位郡下植木村の天増寺を、三代長重（慶長一七年〈一六一二〉没）より代々の「葬地」とし、分家山上藩稲垣家も二代当主重定（宝永四年〈一七〇七〉没）よりこれにならった。なお、松平（深溝）家と稲垣家は、領地を離れた後は、寺院のある地域を拝領していない。

さらに、領地とは直接関係ない地を「葬地」とした家が三家存在する。磐城平―延岡藩内藤家は、近江で興した養昌寺を佐貫、さらに平へ移転するが、三代忠興（延宝二年〈一六七四〉没）以後、六代義稠を除き、平で没した当主もすべて浄土宗の関東十八檀林である鎌倉光明寺を「葬地」とした。そして、分家の湯長谷藩内藤家もこれにならった。久留里藩黒田家は、三代当主直邦（享保二〇年〈一七三五〉没）の実家である旗本中山家が開き、菩提所としていた武蔵国高麗郡能仁寺を「葬地」とした。

これらの家の「葬地」の選択には、転封の問題、幕閣など江戸での勤めの問題、「家」意識や当主の思想も反映していると思われるが、今後の検討課題としたい。

では、各家の当主の「葬地」の選択をみていこう。二六四家のうち、当主が江戸で没した場合は江戸の菩提所、国元で没した場合は国元の菩提所に葬るといういわば両用の形が一二四家と最も一般的であった。江戸が「葬地」として選択される際には、初期には殉死や政治的な関係も作用したと思われるが、ここでは一七世紀前半成立の家で一八世紀に江戸への埋葬が行われた五三家の検討から、選択の契機を検討したい。

まず、一〇家は理由が不明である。二三家は、この時点で初めて江戸で当主が没したという理由から江戸への当主の埋葬が開始された。また、岡部藩安部家・高崎藩松平（大河内）家・大多喜藩松平（長沢）家・庄内藩酒井家・鳥取藩池田家五家は、基本的に国元に葬っていた家であり、一名の当主のみが江戸に葬られている例である。鳥取藩池田家の場合は、八代斎稷の強い遺命にもとづき、国元には遺髪のみが送られた（岩淵二〇一一）。他の家についても、ある当主の個性の結果である可能性が強い。

残る一五家は、江戸に埋葬された最初の当主がいずれも転封を経験している。たとえば、天童藩織田家は、江戸で没した当主も国元に葬っていたが、八代当主は江戸の菩提所に葬っている。これは、明和五年（一七六八）の上野小幡より出羽天童への転封が契機であろう。

当主が江戸で没したという理由のほか、転封が江戸を「葬地」とする重要な契機となったのである。

(三) すべて国元を「葬地」とする家

江戸で没した者も含め、当主の「葬地」をすべて国元としている家は五七家（全体の約二〇％）であった。五七家の内訳は、外様大名が二四家、譜代大名が二三家とともに約四〇％をしめ、残る一〇家が親藩である。これを大名の別でみていくと、譜代全体のうち一七％、外様のうち二二％であり、親藩ではほぼ半数と高い割合を示す。これらの家は、親藩の分家、および高滝藩板倉家・湯本藩内藤家の二家を除き、一七世紀前半に成立した家であった。たとえば、一七世紀前半に成立した外様大名の場合、約四分の一の家がすべての当主を国元に葬っていた。

親藩の福井藩松平家・出雲藩松平家、譜代の柳沢家を含む国主・準国主二四家に注目してみると、六割にあたる一四家が国元であった。さらに、一国一円を支配する本国持一〇家は、福岡藩黒田家・鳥取藩池田家を除き、当主をすべて国元に埋葬している。そして、先述したように鳥取藩池田家の「葬地」は基本的には国元であった（岩淵二〇一一）。

転封に着目してみると、外様は一八世紀以降は転封が行われていない。譜代の場合も転封が一八世紀初頭以降にあったものは、稲垣（享保一〇年〈一七二五〉鳥山→鳥羽）、太田（延享三年〈一七四六〉館林→掛川）、松平〈形原〉寛延元年〈一七四八〉丹波篠山→亀山）、松平〈長沢〉寛延二年〈一七四九〉浜松→吉田）、水野（岡崎→唐津→浜松→山形）、黒田（寛保二年〈一七四二〉沼田→久留里）の六家しかみられない。

また、少数ではあるが、当主の葬儀をすべて儒葬・神葬で行う家は、「葬地」を国元に限っていた。水戸徳川家とその分家三家は初代より神葬、会津藩保科家は二代目を除き、すべて神葬が行われ、国元に葬られていた。また、一七世紀段階に儒葬から仏葬に改めた仙台藩伊達家・岡山藩池田家も結局すべての当主を国元に葬っている。

以上から、当主の「葬地」を国元に限る家は、旧戦国大名、および一七世紀前半までに成立した譜代で、基本的には一八世紀以降、転封を経験していない家といえよう。また、これらの家の中には仏式ではなく、儒葬・神葬といった葬儀を行っている家があったのである。

(四) すべて江戸を「葬地」とする家

一方、八三家は当主をすべて江戸に葬っている家である。うち四七家は初代から江戸が当主の「葬地」であった。四七家の中には、定府の一一家、当主がすべて江戸で没している家があった。また足利藩戸田家・加納藩永井家（大坂没）、高岡藩井上家（駿府没）、棚倉藩阿部家（京都・大坂没）、椎谷藩堀家（大津の宿で没）の四家は、大坂・京都などの在番中に没した当主も江戸を「葬地」とした。さらに、関宿藩久世家、笠間藩牧野家は、国元で没した当主も江戸の菩提所を「葬地」としている。関宿藩久世家の場合は、国元で蟄居して没した当主広周を江戸に埋葬した。笠間藩牧野家の場合は、当主が国元、あるいは任地（京都）で没しても、基本的には江戸の菩提所である要津寺に埋葬していた。牧野家では、初代から四代の間に四度の転封を経験しており、その間の当主はすべて江戸に没している。領地が定着しないまま、当主が江戸で没したため、江戸の菩提所が当主の「葬地」となったと考えられる。また、藩の成立に注目してみると、一七世紀後半以降に成立した外様・譜代四二家は、初代当主が国元で没した七家を除き、いずれも初代当主から江戸を「葬地」としている。大半は分家や旗本からとりたてられた家で、江戸定府などの理由から、江戸の菩提所を「葬地」としたと考えられる。

二　大名家と諸寺院との葬祭関係の形成—篠山藩青山家を素材に—

(一) 篠山藩青山家の概略

冒頭でも述べたように、大名家が葬祭で関係する寺院は、当主の「葬地」に限らない。すでに両用の家として、松代藩真田家、越後高田藩榊原家、人吉藩相良家について検討したが(岩淵二〇〇四・二〇〇七)、ここでは当主をすべて江戸に葬る藩にあたる篠山藩青山家を事例に、大名家の葬祭関係寺院の全体を検討したい。主な素材とするのは、天保期から明治初年に藩が数回にわたって編纂した「御法號系」と、近代になって旧藩士の郷土史家市野真徳が編纂した史料「寺院由来并御贈遺ノ概略」「御因縁在之寺院」である(以下「市野書」と略記[3])。表には、掲載された寺院をまとめた。以下、青山家の概要を確認した上で、寺院との関係の形成過程を検討したい。

「諸家譜」によれば、篠山藩主青山家の始祖は「花山院堀川師賢」(後醍醐天皇の忠臣)の子信賢で、その子師資の嗣師重(「諸家譜」にならい、以下本稿では師重を一代目とする)の時、初めて青山を称したという。八代忠門のとき、近江国から三河国額田郡百々村に移り、松平広忠・徳川家康の二代に仕えた。九代忠成は家康に近仕し、天正一三年(一五八五)に秀忠の傅役となった。家康の関東入部後は武蔵国に五、〇〇〇石、さらに慶長六年(一六〇一)に上総国と下総国に併せて一五、〇〇〇石を与えられ、大名となった。関東総奉行を勤め、元和六年(一六二〇)には岩槻藩主(四五、〇〇〇石)となる。しかし、元和九年、家光の勘気にふれ、一〇代忠俊は領地を収公される。やがて、寛永九年(一六三二)に赦され、一一代宗俊は旗本に復帰、正保五年（一六四八）に信濃国小諸藩主となり、大坂城代などを歴任して、延宝六年（一六七八）に浜松藩主（五〇、〇〇〇石）、さらに丹波国亀山藩主を経て、寛延元年（一七四八）に一五代忠朝が篠山藩に転封となり、以後明治維新まで篠山藩主をつとめた。

(二) 高野山

前章で指摘したように、多くの大名家は高野山と京都の寺院を有した。まず、「市野書」の記述から高野山との関係を検討しよう。青山家が高野山で関係を持ったのは、明王院（1、以下寺院の番号は表と対応する）である。関係形成の契機は不明だが、九代忠成（慶長一八年〈一六一三〉没）が慶長年中に八代忠門（元亀二年〈一五七一〉没）の「御菩提堂宇」を「御再建」していることから、一六世紀から関係があったと推測される。また、同じく慶長年中に護摩堂（三間×四間）を建立、同一一年に明王院の堂宇（一三間×七間）を「再御建立」している。同院には、一代師重より享和三年の死亡者まで、当主・妻子全員の位牌があった（「照光君〈一代師重〉ヨリ観静君〈一六代忠高妻　享和三年〈一八〇三〉没〉迄御歴代・御裏方・御庶子方迄無残御位牌御安置」）。さらに、「御菩提所」として墓と蔵骨施設があげられている（「瑞照君御墓〈八代忠門　元亀二年〈一五七一〉没〉・泰雲君〈一〇代忠俊　寛永二〇年〈一六四三〉没〉御骨守地蔵御歯十枚斗舎利二粒御納、活機君御墓モアリ」）。先述したように、戦国の世、さらには、領地が移動する中で、高野山は供養の場として重要な存在だったと考えられる。

(三) 京　都

中世段階の青山家と京都の寺院の関係は不明だが、近世に入ると一〇代忠俊が大徳寺中芳春院（3）

表１　篠山藩主青山家の葬祭関係寺院

区分	番号	寺名ほか	宗派	場所	主な由来・関係など
高野山	1	明王院	古真	（高野山）	1 師重～「観静君」（16 忠高妻　享和 3 年（1803）没）まで「御歴代・御裏方・御庶子方迄無残御位牌御安置」
	2	高野山学侶方実性院	古真	（高野山）	12 忠雄（貞享 2 年（1685）没）位牌
京都	3	（大徳寺中）芳春院	臨	（京都）	10 忠俊が玉室和尚に帰依、11 宗俊（延宝 7 年（1679）没）・12 忠雄　の葬地
	4	＊大徳寺中大源庵	臨	京	10 忠俊、11 宗俊が天空和尚に帰依
	5	＊大徳寺中清泉寺	臨	京	10 忠俊が帰依
	6	本禅寺	日	京都	大久保忠佐君（10 代子宗祐の養子先）の菩提所、同家断絶で石塔・位牌安置
国元	7	花山寺（別称東山寺、慈徳寺、元慶寺）	臨	（山城国山科花山村）	文貞公墓（「御墳墓」は下総国香取郡名古屋村稱大納言塚・小帝塚）、宝蔵（元中 7 年（1390）没）・清鏡（明徳 5 年（1394）没）の墓碑
	8	尭翁院（旧　聖光寺）	曹	（信濃国伊那群波合・平谷）	「照光君（1 師重　応永 3 年（1396）はじめて青山を名乗る）御戦没地寺院」
	9	妙昌寺〈妙照寺〉	曹	（三河国）	「松平御居住御菩提所」 2 英秀（永享 4 年（1432）没）と 3 光長（宝徳 2 年（1450）没）の「葬地」
	10	万松寺	曹	（三河国額田郡瀧村）	「百々村御居住御菩提所」 4 光教（長禄 3 年（1459）没）・5 忠治（文明 2 年（1470）没）・6 長光（明応 5 年（1496）没）の「葬地」
	11	御廟所	―	（三河国額田郡）百々村	8 忠門（元亀 2 年（1571）没）御遺骸当村池法山〈額田郡池入山〉へ奉納
	12	清水小左衛門	―	（三河国額田郡）百々村	「百々村御廟所」の御守
	13	大林寺	浄	（三河国岡崎）	7 忠世（天文 4 年（1535）没）御埋葬、御支家トモ御菩提所、8 忠門戦没で住持が引導葬送
	14	大龍寺	曹	岩槻	10 忠俊が元和年中御創立、 「大龍寺殿（智光院　10 妻　慶長 19 年（1614）没）御位牌」
	15	天応院	曹	（相模国高座郡清郷）	「相州御領地御移住後御菩提所」、10 忠俊（寛永 20 年（1643）没）「葬地」、「松操君」（8 妻　慶長 5 年（1600）没）
	16	＊常泉院	曹	相州今泉村	本文参照
	17	増明院	真	武州鵜木村	11 宗俊（延宝 7 年（1679）没）「御火葬地」
	18	海応院	禅	小諸荒町	「清樹君（11 男　明暦 2 年（1656）没）ノ御葬地　御石塔アリ」
	19	＊宗江寺	（曹）	信州八重原新田	11 宗俊が「開墾地へ思召ヲ以御建立」「御菩提所ニアラス」
	20	蟠龍庵	臨	浜松→亀山→篠山	延宝 9 年（1681）浜松で起立 「御裏方御子様方御墓所」本文参照
	21	＊宗堅寺	曹	丹波亀山　後亀岡古世町	「涼雲君（11 妻　正徳 4 年（1714）没）御葬地」「石碑アリ、位牌ハ焼失」「善慶君（13 女　正徳 6 年（1716）没）并円心君（11 姪　元禄 16 年（1703）没）」の葬地・「墓石碑アリ」
江戸	22	増上寺方丈	浄	江戸（芝）	「関東御下向後御菩提所」
	23	増上寺中源流院（旧林応庵、高林庵、浄義院）	浄	江戸（芝）	宿坊　9 忠成（慶長 18 年（1613）没）の「葬地」「関東御下向之節、御同伴ノ僧林応」が小庵を営む
	24	（東海寺）玄性院（臨川院）	臨	江戸（品川）	「御歴代御菩提所」（13 忠重　享保 7 年（1722）没　葬地～代々葬地）本文参照
	25	玉窓寺	曹	江戸（青山）	「慶長ノ初御邸地御貸置之寺」「正保ヨリ元禄マテ御裏方・御庶子方ノ御菩提所」 本文参照
	26	梅窓院	浄	江戸（青山）	「幸利君」（分家 2 代　宮津藩）が創立、「御裏方・御庶子君御菩提所」本文参照

区分	番号	寺名ほか	宗派	場所	主な由来・関係など
江戸	27	＊叢塚（玉窓寺・青原寺境内ニアリ）	―	（江戸　青山）	（無縁塚のこと）。屋敷を拝領した地にあった2ケ寺のために作る
	28	長松寺（初め大円寺）	浄	江戸　三田	「長松君（10男　元和8年（1622）没）御葬送」で大円寺より改称
	29	＊称讃寺	〈浄〉	（江戸）三田中寺町	9忠成の位牌あり
	30	＊青原寺	〈曹〉	〈江戸千駄ヶ谷〉	下屋敷のうち2500坪寄付、9忠成の位牌納める
	31	瑞林（輪）寺	日	（江戸　谷中）	「智光君（11母　慶長19年（1614）没）御葬地」本文参照
	32	日宗寺	日	（江戸四ツ谷）	「嶺正君（11妻　万治3年（1660）没）御帰依歟御葬地」「嶺松君（11男　寛文4年（1664）没）又御葬地」
	33	本門寺	日	武州池上	「松光君（12母　宝永4年（1707）没）当山二十二世日去上人・二十三世日潤上人御帰依ナリ」「蟠龍君（11宗俊）の歯一牙埋」の由来あり
	34	仙寿院	日	（江戸　千駄ヶ谷）	「信受（13母）・元承（11女）両君ノ御帰依ニヨルカ、享保五元承君御葬地トナリ、同九信受君御葬地」
	35	天王寺（初感応寺）此寺中宿坊歟　金輪寺（仏頂院、照龍院、蓮台院、安立院）	日	（江戸）谷中	「恵妙君〈13妻　元禄10年（1697）没〉御葬地、此寺ハ幸実君〈恵妙の実家、当時福山藩〉ノニアラズ、恵妙君ノ御帰依歟」
	36	円真寺	日	（江戸）二本榎	「梅心君〈13男　元禄7年（1694）没〉御葬地、御歳三御正腹　御碑牌共アリ」「恵妙君、梅心君御懐妊中円応寺へ元禄四・十月十二日　真正君〈13代忠重〉御同道御越、真正君ハ暮、恵妙君ハ夜ニ入御帰ト日記ニアリ　御両親様御帰依ト見ユ、不思議ノ御方縁ト云フヘシ」
	37	戒行寺	日	（江戸）四ツ谷	「高証君（13男　元禄9年（1696）没）御葬地　享和弐穿鑿之処御牌碑共ナシ、過去帳ニノミ記載アリ」
	38	立法寺	日	（江戸千駄ヶ谷）	「性霊君（13嫡子忠貴女　元禄12年（1699）没）・寒清君（14女　元禄14年没）御葬地」「御墓自古無之」
	39	妙行寺	日	（江戸　谷中）	「秋月君（13嫡子忠貴女　元禄15年（1702）没）御葬地」 母の実家の菩提所、位牌は焼失、石塔はあり
	40	龍岩寺	臨	（江戸　原宿）	「光雲君」（13嫡子忠貴男　元禄8年（1695）没）「天相君」（13嫡子忠貴女元禄12年没）御葬地 「塔石ハ無之」
	41	盛徳寺	曹	（江戸赤坂）	「緑芳君」（12妻　貞享元年（1684）没）の墓所　実家真田家の菩提所
	42	東禅寺	臨	（江戸）芝高輪	「高峯君」（11養女　元禄2年（1689）没）の葬地（実家臼杵藩稲葉家の菩提所）、「寿松君（10女　寛文4年（1664）没）モ御葬地」、「普照君」（13女　正徳4年（1714）没）も葬地（嫁ぎ先宇和島藩の菩提所）
	43	本立寺	日	（江戸）雑司ヶ谷	「顕性君〈15正室　宝暦8年（1758）11月没〉御葬地　御厨子入御位牌・御石塔有之、此寺ハ御里榊原御家御菩提所故ニ御葬送 〈御位牌堂二間三間半堂宇装飾品御寄付アリ〉
	44	＊法乗院	〈新真〉	（江戸　深川）	「智弘君（14母　元文5年（1740）没）御帰依〔上田氏ノ菩提所、智弘君両親墓アリ〕、同君ノ石碑アレトモ葬地ニアラス、葬地ハ玄性院也」
	45	＊聖輪寺	〈新真〉	江戸千駄ヶ谷	「御祈願所」〈宝暦5年（1755）の略縁起の「画像者」として、「青山因幡守家臣金林與右衛門」アリ〉
	46	＊東漸院	（天）	（江戸）上野	「御祈願所并宿坊」
大坂	47	＊一心寺	（浄）	大坂	「活叟君」（10男　寛文9年（1669）没）を葬る（「芳春院ニモ石塔アリ」）
駿府	48	＊宝泰寺	（臨）	駿州田中	10男宗祐（旗本大久保家　300石に養子　寛永20年（1643）没）駿府御在番中御遠行（芳春院にも墓あり）、「墓・位牌無之」

※「寺院由来并御贈遺ノ概略」「御因縁在之寺院」（篠山市教育委員会蔵青山会資料416）より作成。
※宗派の項は、古真＝古儀真言宗、新真＝新義真言宗、天＝天台宗、臨＝臨済宗、曹＝曹洞宗、浄＝浄土宗、日＝日蓮宗　を示す。
※寺院ほかの欄の＊は「御因縁在之寺院」を示す。
※（　）は、「御法號系」（前掲青山会資料47）などにもとづいた筆者による補記である。
※〈　〉は、『御府内寺社備考』（名著出版、1986～1987年）による。
※〔　〕は、割書を示す。

の僧侶「玉室和尚」に帰依した。さらに、一一代宗俊はその「法継」である大徳寺中大源庵（4）の「天空和尚」に帰依する。「市野書」では、忠俊が元和九年（一六二三）の秋に将軍の勘気を受けて蟄居し、玉室和尚より「法号」を授かっていることから、このときに寺檀関係が結ばれ、浄土宗より臨済宗に改宗したと推測している（「此時御檀縁御契約ナリシ歟、浄土宗旨臨済派トナル」）。さらに、寛永一一年（一六三四）に「心岳君」（一〇代男）が最初に葬られ、同二〇年に一〇代忠俊が「葬送」されて「以来御歴代菩提所」になったとしている。後述するように、忠俊の「葬地」は当時の国元の菩提所（15、天応院）であるから、分骨が行われた可能性がある。その後「諸家譜」では、一一代宗俊（延宝七年〈一六七九〉没）と一二代忠雄（貞享二年〈一六八五〉没）の「葬地」としている。また大徳寺中である大源庵（4）の僧侶は、芳春院（3）と江戸の臨済宗の菩提所玄性院（24、後述）の法事には必ず出席することとなった。

このほか、一〇代忠俊は、自身の子で旗本大久保家（三〇〇〇石）に養子に入った宗祐が寛永二〇年（一六四三）に没した際、芳春院とともに大徳寺中清泉寺（5）に法事料と石塔金を送っている。この清泉寺はのちに廃寺となり、芳春院に合併されたという。

このように、青山家の場合、京都寺院との関係形成は、一〇代忠俊の蟄居前後の個人的な信仰によるところが大きい。この臨済宗信仰が、後述するように、江戸の菩提所の変更に影響することとなる。

㈣ 国元

① 近世以前

「市野書」および「諸家譜」には、まず祖先とする四人の墓所として花山寺（7）、信濃国波合で一揆勢と戦って戦死した一代師重を葬った地元の寺尭翁院（8）、三河の「松平御居住御菩提所」として二代英秀（永享四年〈一四三二〉没）と三代光長（宝徳二年〈一四五〇〉没）の「葬地」妙照寺（9）、三河の「百々村御居住御菩提所」として四代光教（長禄三年〈一四五九〉没）・五代忠治（文明二年〈一四七〇〉没）・六代長光（明応五年〈一四九六〉没）の「葬地」万松寺（10、曹洞宗、三河国額田郡瀧村）があげられている。百々村時代については、七代忠世が伊田の合戦で天文四年（一五三五）に戦死し、近隣の三河岡崎の大林寺（13、浄土宗）に葬られたため、「万松寺ト双立」で「御支家トモ御菩提所」となった。また、八代忠門が村内の池入山に葬られ、「御廟所」（11）として「五輪御石塔」が建立されている。廟所の墓守には、清水小左衛門（12）という者が就いた。この廟所は、洪水で水に浸かったため、小左衛門の父が、より高い場所に「御墓所」を設けて遺骨を移した。その後御墓所へ「里人」が立ち入って草を刈込んで「不浄」が常態化したため、承応二年（一六五三）に石塔を大林寺（13）境内に移した。明和七年（一七七〇）には、跡地に再び石碑を建てている。

大林寺（13）は、貞享二年（一六八五）より江戸から正月に回向料を送っているが、それ以外の四ヶ寺は、「御流祖御発顕以後出現寺院、寛政七三月御位牌御再建」で、「寛政八年始ヨリ毎年御書ヲ以御備、金弐百疋　御香典」と香典も供えられた。ただし、高野山明王院と同様に年忌法要は行われなかった（「高野山明王院同様御取扱　明王院ニハ御年回御回向無之」）。六代長光以前の「御流祖」は、おそらく「諸家譜」の調査の過程で発見されたのであろう。明和七年の大林寺への石塔の再設置もこうした流れの中で行われたと考えられる。

②　近世以降

関東入国以降、国元の寺として最初に確認されるのは、蟄居先の「相州御領地御移住後御菩提所」とされる天応院（15）である。九代は、後述するように江戸の増上寺（22）に葬られ、同寺は一〇代忠俊ほか「松操君」（八代妻　慶長五年〈一六〇〇〉没）の「葬地」となっている。ただし、七代以前の菩提所と同様、「御流祖」の調査で発見された寺院であり、しばらく関係が途絶えていたようである。このほか、次の蟄居先の寺院として、常泉院（16）があげられている。一〇代忠俊が同寺の住職と交流し、両親の命日に食事（「御齊・非時」）をとったとし、「繁叟君」（九代男　寛永七年〈一六三〇〉没）の菩提所とする記事もみられるが、編者の市野は菩提所については否定している。つづく岩槻藩主（元和六年〈一六二〇〉～九年）の寺院としては、大龍寺（14）があげられている。一〇代忠俊の創立で、青山家の家紋「銭御紋」（無銭紋）を用い、「大龍寺殿（一〇代妻　慶長一九年〈一六一四〉没）御位牌」が置かれた。

こののち、青山家は勘気を受け、許されたのち旗本となり、正保五年（一六四八）に信濃国小諸藩主となる。小諸藩主の寺としては、海応院（18、禅宗、小諸荒町）があげられる。六歳で夭折した「清樹君」（一一代男　明暦二年〈一六五六〉没）の「御葬地」で「御石塔」が置かれたが、市野はこの時の菩提所は京都の芳春院（3）で、「小諸御菩提所ト定メラレシ事は見エス」としている。また、この時期の寺として、「菩提所」ではないが、関係寺院として一一代宗俊が「開墾地」に建立した宗江寺（19、信州八重原新田）をあげている。

さらに、延宝六年（一六七八）に浜松藩に転封すると、翌七年一一月「先城主大円寺跡」の濱松高町宗林寺を「位牌所」として「取立」て、関係を結んでいた大徳寺の大源庵（4）の住職祥山和尚を招き、「蟠龍庵」（20）として開山した。寺名が一一代宗俊の院号を採っていることから、延宝七年二月の一一代宗俊の死去が契機になったと考えられる。そして、「大徳寺僧一人隙之時分参居トアリ」と、大徳寺との関係の中で運営された。続いて青山家は丹波亀山藩に転封するが、元録一六年（一七〇三）八月に「亀山堀内團右衛門屋敷」とその東にあった的場を敷地とし、一〇月に京都より僧を招いて蟠龍庵を移した。亀山藩時代の寺としては、他に妻子の墓所宗堅寺（21、「涼雲君」〈一一代妻　正徳四年〈一七一四〉没ほか）があった。さらに、寛延元年（一七四八）に篠山藩に転封すると、翌二年四月、城下の円通寺にいったん墓碑（「御牌面」）を移転した上で、翌三年二月に「前領主菩提所」の「光忠寺跡」に位牌（「御牌前」）を移し、七月には一一代宗俊以降の「御石碑御安座」して蟠龍庵を移した。以降、青山家の領地の移動はなく、蟠龍庵が国元の菩提所となった。ただし、近代の「春林君」（二〇代忠敬妻　明治五年〈一八七二〉没）を除き、当主の石碑はあるものの葬送はなく（「御歴代ニハ御葬送無之」）、当主・妻子の位牌所と国元で亡くなった妻子の墓所（「御裏方御子様方御墓所」）として機能したのである。(4)

(五) 江　戸

① 当主の墓所

江戸についいては、当初、「関東御下向後御菩提所」は「増上寺方丈」(22)であった。とくに、子院の源流院(23)は、九代忠成が関東入部の際に連れてきた僧侶林応が結んだ小庵で（「関東御下向之節、御同伴ノ僧林応営小庵」）、増上寺における将軍家葬祭の参加の際に用いられる宿坊としている。「諸家譜」によれば、慶長一八年（一六一三）に没した九代忠成の「葬地」は増上寺であり、承応三年（一六五四）には「石碑」の「造替」が行われていることから、墓石が設けられていたことが確認できる。また、九代忠成の位碑が置かれた称讃寺(29)は増上寺開山僧の「隠室」、同じく浄土宗の長松寺(28)には一〇代忠俊が「中興開山」とされる僧と「内縁」があったことから一〇代次男が葬られ、その院号に寺名が改称されている。(5)

しかし、延宝七年（一六七九）二月に一一代宗俊が亡くなると、遺骨が臨済宗の東海寺塔中の玄性院(24)に運ばれ、法事が行われた。「葬地」は京都大徳寺芳春院であるが、このことで同寺が「位牌所」となり、さらに貞享二年（一六八五）に没した一二代忠雄の葬礼の実施で、同寺が「御歴代御菩提所」になった、と「市野書」はとらえている。そして、「諸家譜」では、享保七年（一七二二）に没した一三代忠重より、玄性院を「代々葬地」としている。こうした増上寺から玄性院への菩提所の変更について、「市野書」では、徳川将軍家の菩提所となったためにこれを憚って葬送を行わなくなったとしている（「後公義依爲御菩提所御憚アリテ後日御葬送無之」）。しかし、要因として大きいのは、元和九年から寛永九年の青山家の蟄居と、一一代宗俊が大徳寺の僧侶に傾倒し、臨済宗に帰依したことであろう。玄性院も大徳寺派であり、一一代は住持の春沢に銀一枚を寄進していることから、生前に帰依していたと考えられる（「大徳寺派ナルヲ以テ御在世御帰依也」）。近世初期には青山家は浄土宗に帰依したが、一一代宗俊の信仰と死をきっかけに、国元の蟠龍庵と江戸の玄性院という大徳寺派の臨済宗の菩提所を設けたのである。

② 裏方・庶子の墓所　大名家の妻子のほとんどは、江戸で没した。このため、江戸では彼らの菩提所が必要であった。当主と同じ寺である場合も少なくないが、榊原家など別に菩提所を設ける場合があった（岩淵二〇〇四）。さらに、青山家の場合、妻子の墓所は複数の寺院に及んだ。こうした中で墓所が比較的まとまっているのが、青山家起立の玉窓寺（25）と、分家の宮津藩（のち郡上八幡藩）青山家が起立した梅窓院（26）である。

玉窓寺（25）は、青松寺八世を勤めた隠居僧が青山家の当主に「御心安閑寂ノ隠居地」を求め、青山家が下屋敷の一角を貸した。やがて、この僧が慶長六年（一六〇一）に没した「秀𣳾君」（九代女）の焼香に参加し、「秀𣳾君」を開基として成立した。「市野書」はこの玉窓寺を「正保ヨリ元禄マテ御裏方・御庶子方ノ御菩提所」とみている。一方、梅窓院（26、浄土宗）については、一一代宗俊が旗本の時期（「御小身ノ御内」）に幸利（分家二代　宮津藩）の所に身を寄せ、光円院（一二代妻　貞享元年〈一六八四〉没）の実家の菩提所でもあったため、正保二年（一六四五）五月より青山家の子供が葬送された。葬送は中絶したが、文化一〇年（一八一三）に一八代忠裕の四女「精善君」の葬送より、「御裏方・御庶子君御菩提所」となったという。

とくに玉窓院と梅窓院が妻子の菩提所として利用される以前については、妻子の葬送先は一七ケ寺と多様であった。「市野書」は一三ヶ寺（31～43）をとりあげ、慶長より元禄に至る一七世紀の段階には、妻子の「葬地」がそれぞれ異なっている理由を不明とし、時代の慣習と被葬者の信仰によるもので、幼い者の場合は両親の信仰が反映しているのではないかとする。そして、僧侶との関係については、生まれた子供の安全を僧侶に祈ってもらうのみならず、僧侶の子供にする場合もあったとして、実際に青山家から内藤家に嫁いだ娘の子供が浅草知楽院の住職の子供となり、公認されたことから、他の家でも同様のことが多く見られたと推測する。宗派については、青山家の場合、九ヶ寺が日蓮宗であり、当時の風習とみた上で、龍岩寺一ヶ寺のみ臨済宗であるが、その理由は不明とする。また、三ヶ寺については他の大名家から嫁いできた者が実家の菩提所に葬られたもので、青山家での同様の例を示している。この計一三ヶ寺は「葬地」・「灰寄地」ではあるが、青山家の「菩提所」とは言えないとしている[6]。

このように、妻子の「葬地」は実家の菩提所や個人的な信仰によって拡散するケースが少なくなかったのである。個人的な信仰についてはさまざまな契機が想定されるが、一〇代夫婦の場合、五番目の子供まで女子だったため、日蓮宗の僧侶に頼んで五番目の女子の名付けを頼んだところ、六番目に男子を授かったことが信仰の契機で、市野は瑞輪寺（31）への葬送もそのためと推測している。この日蓮宗寺院が多い点については、池上本門寺の大名家廟中墓所の集中に象徴されるように、女人成仏を願う日蓮宗の教義による武家女性の信仰（本間二〇一〇）も反映していると考えられる。

㈥ 菩提所と埋葬

最後に、菩提所と埋葬の様相を見ておきたい。

八代忠門（元亀二年没）の場合、領内の山に葬って「五輪御石塔」を建てて「御廟所」を設け（のち村内の菩提所大林寺〈13〉に石塔は移転）、高野山明王院（1）にも位牌を置くほか「瑞照君御墓」を設けている。菩提所は身近におかれるものの、埋葬地は別で、さらに供養の場として高野山が存在する、という関係がうかがわれる。

一〇代忠俊の場合、「葬地」は領内の菩提所天応院（15）であったが、大徳寺芳春院（3）に葬送があり、高野山明王院（1）にも位牌のほか「御歯十枚斗」を舎利二粒に収めている。

一一代宗俊の場合、領地である武州鵜木村の増明院（17、真言宗）の「境内山上ノ台ニ御火葬場」でまず遺骸が焼かれた。ちなみに、同寺の由緒では、高野山から下向した僧が開山、開基は宗俊となっている。焼骨後は、遺骨を江戸の菩提所玄性院（24）に移して法事が行われている。そして、墓・位牌は玄性院と国元の蟠龍庵の双方に設けられた[7]。また、位牌は高野山にも設けられた。

こうしたいわば複数箇所での埋葬と供養は、江戸・国元・京都・高野山という場が確定すると、被葬者の家における立場によりながら、供養する施設が設けられることとなる。たとえば、一五代当主忠朝（宝暦一〇年〈一七六〇〉没）は江戸玄性院（24）に墓・遺骸・位牌、国元の蟠龍庵（20）と京都芳春院（3）にそれぞれ墓・位牌、高野山明王院（1）に位牌が置かれた。また、その正室（顕性院、同八年没）は江戸玄性院・国元の蟠龍庵・高野山明王院に位牌、実家の江戸の菩提所本立寺（43）に墓・位牌が置かれた。一六代側室で次期当主の実母（桂香院、寛政一二年〈一八〇〇〉没）は江戸玄性院に墓・位牌、高野山に遺骸・位牌が、一六代子供で他家に入らなかった者は江戸玄性院に墓・位牌、高野山に位牌（子供の年令・立場により国元の蟠龍庵にも位牌、京都芳春院に墓・位牌）がそれぞれ置かれている(8)。
このように、大名家の葬祭を考える上では、遺骸の埋葬や石塔の造営に限らず、供養を行う菩提所は複数にわたっている点に留意すべきであろう。なお、詳細な検討は後稿に期したい。

おわりに

当主の「葬地」は、初期においては、一部の家で高野山や京都の寺院となることがあったが、一七世紀半ば以降は国元と江戸のどちらかが選択されることとなった。そして、両者の選択になって以降、当主の「葬地」を国元に限る家は、国主・準国主の家のほか、転封を初期しか経験しない家、あるいは神葬・儒葬を行う家に限られた。一方、江戸を「葬地」とする契機は、当主の江戸での死去、および転封で、「葬地」の選択は、当主が没した地に葬る（両用）が一般的であった。

譜代大名の篠山藩青山家は、当主をすべて江戸に葬る藩にあたる。同家は三河以来の直臣で、幕府でも要職をつとめたこと、また領地が丹波篠山に固定されるのが一八世紀半ばであることが、江戸を選択した理由であろう。まず、近世の初代にあたる九代当主は関東入国とともに増上寺を菩提所とした。一〇代は国元を「葬地」としたが、勘気による一時的な領地のとりあげを背景に、一一代は京都の臨済宗寺院大徳寺の塔中の僧侶に帰依し、一二・一三代の「葬地」とする。さらに江戸の菩提所も浄土宗増上寺より、臨済宗大徳寺派の東海寺玄性院に変更し、以後同寺を菩提所、当主の「葬地」としたのである。一方、国元については、国元で亡くなった妻子の「葬地」と、国元での供養を行うため、領地が移動してもほぼ常に菩提所が置かれていた。ただし、寺が領地とともに継続して移動するのは一七世紀後半に浜松で創立した大徳寺派の蟠龍庵からであった。したがって、青山家の場合、菩提所の確立は、領地のとりあげを契機とした臨済宗大徳寺派への帰依によって、京都を中核としながら、江戸の玄性院・国元の蟠龍庵が確定した一七世紀後半としてよいだろう。こうした動きとは連動せず、高野山には近世初期より位牌が置かれ、分骨も行われ、近世を通じて位牌所として機能し続けた。一方、江戸の妻子の墓所は、青山家自身が開基した玉窓寺と分家が開基した梅窓院に設けられることが多かったが、個人的な信仰から、実家の菩提所のみならず、日蓮宗寺院を中心にさまざまな寺院が選択されていた。

このように、青山家の場合、一時的な領地のとりあげと当主の臨済宗信仰が菩提所の確立に決定的な影響を与えた。大名家の菩提所の確立には、こうした個々の藩のさまざまな事情が反映していると思われる。また、大名家の菩提所は当主の「葬地」の検討のみならず、家の成員の「葬地」や関係寺院、また位牌所も含めた、大名家の葬祭の中で論じるべきであろう。単独の墓所であっても、寺院社会との関係は無視できない論点である。各藩の比較や類型化も含め、今後の自身の課題としたい。さらに、本稿で検討した文献史料はいずれも編纂史料である。大名家の「歴史」の編纂過程で墓所の整備・改編は重要な課題となり、さらに幕末期にかけての自己像の形成でも大きな役割を果たした（岸本一九九九）。この点は後稿に期したい。

【註】

（1）本稿では、墓標の有無にかかわらず、菩提を弔う場という意味でこの語を用いる。

（2）例外は、膳所藩本多家五代（正徳五年〈一七二五〉没）の知恩院、杵築藩松平（能見）家の四代・六代の妙心寺聖澤院である。

（3）前者は、篠山市教育委員会蔵青山会資料四七〜四九、後者は同四一六。後者は「他家寺院御取扱分」「御歴代御尊崇之神社」の項と合わせ、一冊となっている。後者の著者「臣市野真徳」は、藩主青山家の系譜記録である「仰青録」

全二四巻を編纂した旧藩士の郷土史家で〔亘理章三郎「市野真徳の仰青録」篠山市立中央図書館蔵〕、後者はその編纂過程で作成されたものと考えられる。最新の記事は明治九年（一八七六）であることから、作成はそれ以降である。前者の史料および藩の日記や墓守の日記などの記録類を参照・引用するだけなく、本人が実地見分したかは不明だが、位牌や墓石の文字の確認調査も行っている。

（4）「諸家譜」にもあるように、蟠龍庵が「葬地」になったことはなく、『藩史大事典』第五巻（雄山閣、一九八九年）で篠山藩時代の当主の墓所をすべて蟠龍庵としているのは誤りである。

（5）『御府内寺社備考』第三冊（名著出版、一九八六）。

（6）原文は以下の通りである。〔 〕内は原文の割書、〈 〉内は筆者の補足を示す。「慶長ヨリ元禄年間ニ至ル御裏方様・御子様方御葬地各其寺ヲ異ニス、以今視古、其理由ヲ解スルニ困ム、是レ其時代ノ慣習ニシテ、各御帰依ニヨルモノ歟、然ニ御幼君モ又然リ、是亦　御双親様ノ御帰依ニヨル歟、昔ハ御生子ノ御安全ヲ僧ニ祷ヒ、或ハ御幼君ヲ僧ニ請ヒ、甚シキハ僧ノ猶子トナス〔緑芳君〈八代娘　内藤家に縁付〉ノ御姉婿政亮君ハ内藤忠興君ノ三男、依為生年丑為浅草住持知楽院猶子、称遠山〕、其公許スルヲ以テ見レハ、時代之風習ト見テ大差無ラン歟、御家ノミ然ルニアラス、他家ニモ多ク然リ、於　御家ハ、智光君〈一〇代娘　旗本大久保家へ養女〉ノ瑞林寺（31）、嶺正・嶺泉二君〔御母子ナリ〕〈一一代妻・一一代男〉ノ日宗寺（32）、松光・好堅・玉峯・清鏡四君〔御養母子ナリ、御祖母孫ナリ〕〈一一代妻・一三代嫡男忠貴室・一三代男・一三代嫡男女〉ノ本門寺（33）、信受・元承二君〔御母子ナリ〕〈一一代妻・一一代女〉ノ仙寿院（34）、恵妙君〈一三代忠重の正室〉ノ感応寺（35）、梅心君〈一三代忠重男〉ノ円真寺（36）、高証君〈一三代男〉ノ戒行寺（37）、性真・寒清二君〔御姉妹ナリ〕〈ともに一三代嫡男女〉ノ立法寺（38）、秋月君〈一二代嫡男女〉ノ妙行寺（39）〔此寺ハ御母好堅君御里〈雨宮氏〉ノ菩提所ナリ〕、以上九ヶ寺ハ其宗旨皆日蓮、当時ノ風習想見ヘシ、独光雲・天相二君〔御兄妹ナリ〕〈一三代嫡男男・女〉ノ龍岩寺（40）ハ其宗旨臨済ナリ、其理由ヲ解セス、縁芳君〈一二代忠雄妻　実家は真田家〉ノ盛徳寺（41）、高峯君〈一一代宗俊養女　実家は臼杵藩稲葉家〉ノ東禅寺（42）〈ほか、普照君＝一三代女　宇和島藩　伊達左京亮村豊に嫁ぐが病気で療養中に死去〉、顕性君〈一五代忠朝正室　実家は榊原家〉ノ本立寺（43）、此三君ハ皆御実家ノ御菩提所ニシテ、高松君〈一三代女　九鬼豊前守直澄室、のち敦賀藩主酒井飛騨守忠菊室〉ノ玄性院ニ在スカ如シ、此十三ヶ寺ハ御葬地或ハ御灰寄地ナリ、御家ノ御菩提所ト云フヘカラス、古来諸説有リ、故ニ其所見ヲ記ス、云爾」。

（7）なお、管見の限り文献史料で確認できていないが、蟠龍庵の御住職によれば、墓所整備の際、一一代・一二代の石塔より遺髪の埋納が確認されたという。こうした「書かれていないこと」のみならず、大名家菩提所の検討にあたり、考古学的調査が不可欠であることは言うまでもない。

（8）前掲青山会資料二九五〇「青山家墓所并一覧」（文化一〇年〈一八一三〉）。

【引用・参考文献】

岩淵令治　二〇〇四『江戸武家地の研究』塙書房（初出は、東京大学大学院に提出の博士論文「近世都市江戸の社会構造」一九九九年）

岩淵令治　二〇〇七「真田家と菩提寺—江戸を中心に」『松代』二〇号

岩淵令治　二〇一一「近世大名家の葬送儀礼と社会」『国立歴史民俗博物館研究報告』一六九

岩淵令治　二〇一二「大名家の江戸菩提所」『江戸の大名菩提寺』港区立港郷土資料館

小野麻人　二〇〇六「長州藩毛利家と支藩・一門の墓制について」『異貌』二五号

岸本　覚　一九九九「長州藩藩祖廟の形成」『日本史研究』四三八

幸田町教育委員会編　二〇一三『瑞雲山本光寺文化財調査総合報告』幸田町教育委員会

本間岳人　二〇一〇「池上本門寺における近世大名墓の調査」『近世大名墓所要覧』ニューサイエンス社

【付記】本稿は、科学研究費基盤研究（B）「江戸武家地の空間変容に関する文理統合研究」（代表藤川昌樹）および基盤研究（A）「石造物調査に基づく新たな中近世史の構築」（代表関根達人）、挑戦的萌芽研究「江戸・東京の木簡研究の基礎形成（代表鐘江宏之）の成果の一部である。執筆にあたり、篠山市立中央図書館・篠山市教育委員会・蟠龍庵よりご教示を賜りました。ここに謝意を表します。

第五回大名墓研究会シンポジウムの概要

溝口彰啓

はじめに

平成二五年一〇月二〇日（日）に東京都千代田区日比谷図書館において開催された第五回大名墓研究会では、近世大名墓の成立過程を考古学及び文献史学の視点から検討することを主な目的として議論が交わされた。研究会では坂詰秀一氏による特別講演「徳川将軍家墓所の形成」、また研究発表として狭川真一氏「中世武士の墓の終焉」、中井均氏「豊国廟と東照宮の成立」、松原典明氏「考古資料から見た近世大名墓の成立」、岩淵令治氏「文献資料から見た大名菩提所と葬送儀礼の成立」の発表がなされた。その後、それを受ける形で大名墓研究会としては初めてとなるシンポジウムが行われた。

シンポジウムは松井一明氏、溝口彰啓が司会を務め、各発表者をパネラーとして大きく三つの論点に対する討論がなされた。一点目は近世大名墓の前段ともいえる室町・戦国期の将軍・大名の墓のあり方について、二点目は大名墓所成立の契機とされた織田信長、豊臣秀吉、徳川家康の墓所造営について、三点目は成立期における江戸と地方に

シンポジウムの様子
（左から溝口・松井（司会）、岩淵、松原、中井、狭川）

おける大名墓の様相についてである。簡単にではあるが、ここでは当日のシンポジウムの概要をまとめ、近世大名墓所の成立を考える一助としたい。

一　室町・戦国期の将軍・大名の墓所

近世初頭、大名墓所の成立にあたり、その前段となる室町・戦国期における将軍家及び大名墓所はどのような様相であったのか、また系譜として遡ることが可能であるのかが確認された。室町将軍家の墓所は相国寺などで営まれているが、その実態は不明であり、造墓様式として確立されたものがあったかは明らかではないとの指摘が中井氏及び狭川氏からあった。戦国大名の墓所としては、近江京極氏や浅井氏の歴代墓などが挙げられるが、狭川氏によれば、京極氏の墓所は近世の藩主墓と共に整備がなされているため、当初の姿を留めておらず、また浅井氏墓所についても当初の墓所の状況が明確ではないということである。当該期の社会的階層の最上位ともいえるこれら人々の墓所においてもその様相が明確でないことは、狭川氏が指摘したように中世前期以降に醸成された武士の墓所が持つ権威の象徴性が、室町から戦国期、とりわけ一六世紀代には、社会秩序の変化とともに失われていったことを窺わせるものである。

近世大名墓所は後述するように、まさに大名の権威を誇示するものであり、その成立は墓所の持つ象徴性の復活ともいえる。その契機となったのが戦国時代を収束させ、社会秩序の安定をもたらすこととなる織田信長、豊臣秀吉、徳川家康の墓所の造営であったことを想定し、第二の検討課題へと進んだ。

シンポジウム討論中の様子

二　織田信長・豊臣秀吉・徳川家康の墓所造営

織田政権を引き継いだ豊臣秀吉は、織田信長の葬儀を行うとともに墓所を整えたことで正当な政権継承者であることを天下に示した。しかし、信長の墓所は現在多数残るが、その多くは近世段階の石塔墓が主体で、大規模かつ荘厳な墓所が営まれた可能性は低いことが確認された。

豊臣秀吉が没すると、京都東山に豊国廟が造営され、これにより天下人という権威の継承が墓所によって初めて示されたものといえる。秀吉の葬儀は吉田神道による神儀をもって執り行われ、豊国大明神の神号を得るとともに、拝殿たる神廟と阿弥陀ヶ峰頂上の霊廟を持つ墓所が分離された廟所として造営されたことが中井氏より指摘された。

元和元年（一六一五）に豊臣家は滅亡すると、新たに政権を得た徳川家康によって、全国に勧請された豊国社ともども神廟は破却される。家康は翌元和二年（一六一六）に死去するが、葬儀はやはり神儀によるものであり、葬られた久能山には豊国廟と同様、拝殿と墓所が分離された廟所が造営され、東照大権現の神号を得ていることが中井氏より述べられた。山本宏司氏（静岡市）によれば、現在の墓所は石製宝塔であるが、これは寛永年間、家光により造立されたものであり、元和二年の建立段階には豊国廟と同様に霊廟が建てられていたとのことである。こうした霊廟は中世禅宗における開山堂の系譜を引き、その後様々な形態へ派生したとも考えられており（松原二〇一二）、豊国廟及び東照宮を嚆矢として、近世初期の将軍家及び有力大名家墓所の多くが霊廟形式を採用している点とも符合することが確認された。

秀吉の廟所を破却し、秀吉同様神号を得た上で、同じ形態の廟所の造営を行う行為は、旧政権の終結とともに家康をその継承者として祀り、徳川政権の正統性を主張するものであったことを中井氏は指摘する。また、幕藩体制下において各大名家は神である東照大権現を勧請して不安定であった藩主専制政治を確立する装置として利用するとともに、それぞれの墓所を東照宮に倣って造営したものと考えられる。

秀吉の豊国廟とそれに続く家康の東照宮の造営によって、権威の象徴性を発揚するための墓所が再び蘇ったといえる。近世に至って、それに倣い各大名家も墓所の整備を行うことが、幕藩体制下における各大名家の権力の正統性を示し、内外に対する権力基盤の確立に寄与していたものと理解される。

三　江戸と地方における大名墓の成立

家康の墓所は久能山東照宮とその後改葬された日光東照宮であり、近世大名墓所の成立の契機となった可能性が指摘された。東照宮はあくまで神君家康の墓所であり、大名墓の墓制と直接つながったかどうかは不明瞭であるものの、始祖を祀り、各々の権力基盤の正統性を誇示する点では継承されるものであろう。江戸における将軍家墓所は二代秀忠を嚆矢として（三代家光没後は寛永寺、後に日光東照宮に移される）、以後の徳川将軍家は江戸城城下の増上寺及び寛永寺に造営されており、各大名家はそれを規範として墓所の造営を行ったものと思われる。しかし、松原氏によれば、近世的な墓制として画一化した大名墓が成立した一七世紀末から一八世紀初頭以前の前段階には、各大名家で様々な形態の墓制がみられるといい、今野春樹氏からは、考古学的な観点からいえば将軍家の墓所の影響はあるものの、大名家の墓所はイエ単位での風習、宗派などがからみ、独自の方向性がみられるという指摘があり、墓制及び葬制を鑑みた検討が必要と思われる。

さらに、一七世紀前葉の江戸と地方の大名墓所の様相についても不明な点が多い。特に、今回大名墓成立の契機として取り上げた元和二年の家康廟以前の段階で成立した大名墓所があるのかどうか、今後検証する必要性が生じている。また、松原氏のいう一七世紀末葉の画一化した大名墓所の成立年代についてもその足並みは必ずしも同一ではないこともあり、江戸と地方の大名墓所において、考古学的な手法でさらなる検証作業を行う必要が高まったことも再確認できた。

高野山における供養塔の造立については、一七世紀代前半頃に各地の大名によって巨大石塔が集中的に造塔されたことが狭川氏より指摘された。この時期は従来の見解によると、幕藩体制下における各大名家の権力基盤が確立しておらず、巨大石塔を採用する大名墓所の様式も定まっていない段階とみられており、中世以来の聖地である高野山を供養の場として巨大石塔を造塔した意味を考える必要がある。また、高野山の供養塔が各地の巨大石塔を採用した大名墓に、どのような影響を与えたのかが明らかとなっていない点も指摘された。この点についても今後明らかにすべき検討課題である。

岩淵氏より発表のあった葬送儀礼については、大名墓所に限らず近世においては仏教が主流と考えることが一般的である。しかし、秀吉・家康の葬儀が神儀によって執り行われ、また松原氏が指摘したように、儒教の影響が大きく関わっていることが近年の研究によって明らかとなってきている。それは墓所の形態にも関わるものであり、塚墓や亀趺碑、墓塔などに特徴的に表れているのである。葬送儀礼は各大名家の宗教、経済、地理、政治、外交関係の事情によって多様な要素により選択されるものであろう。全体的として墓所様式は画一的な方向に向かうとの見方もあるが、各大名家墓所にそれぞれの特徴があることは明白で、それが多様な葬送儀礼を反映しているとみられる。このような多様性を一つ一つ解明し体系化していくことこそが、今後の大名墓研究会の重要な検討課題といえ、それが今回のシンポジウムで明らかとなったのである。

おわりに

今回のシンポジウムでは、中世の武士の墓所が戦国期になると象徴的な対象ではなくなり、織田信長の葬儀を経て、豊臣秀吉・徳川家康ら天下人の廟所造営を契機として近世大名墓所が成立し、再度権威を象徴する墓所へと回帰した状況を確認した。また、徳川幕府という政権の元、幕藩体制の確立の過程で江戸や国許での将軍・大名墓所が造営されていった状況を窺うことができた。しかし、高野山における近世大名の巨大供養塔成立の問題や、各地域における久能山東照宮、日光東照宮造立前後の、戦国大名墓所から近世大名の墓所への構造的な変遷過程は明確に捉えられていない。また、岩淵氏が指摘しているように、墓所は葬送儀礼の一部であり、それが形として残るものという観点から、墓所から窺うことのできる個別具体的な葬送儀礼の問題も今後解明していくべき検討課題である。

シンポジウムの最後には坂詰秀一氏より、考古学でわかることをまずは明確にし、残された記録とともに丹念に検証することよって、今回のシンポジウムで示された検討課題を明らかにしていくことが今後の大名墓研究の指針であるべきという貴重な指摘が寄せられた。この指摘を今後の大名墓研究会に課せられた責務と捉え、今後の活動に生かすことが重要と思われる。

今回、当日のメモなどを元にシンポジウムの概要を記したが、当日討論された内容はテーマから派生して多岐にわたる発言も多くみられ、そのすべてを反映できていないかもしれない。筆者の未熟によるところであり、ご寛恕いただければ幸いである。

【引用・参考文献】

大名墓研究会　二〇一三『第五回大名墓研究会』レジュメ
松原典明　二〇一二「近世大名家墓所の構造様式」『近世大名墓制の考古学的研究』

江戸における近世大名墓の成立

今野春樹

はじめに

天正一八年（一五九〇）に豊臣秀吉による小田原討伐が終了した後に、当時秀吉に次ぐ実力をもった徳川家康は三河・駿河・遠江・甲斐・信濃の五ヵ国から北条氏の旧領である武蔵・伊豆・相模・上野・上総・下総の一部・常陸の一部の関東八州に移封された。

父祖の地であり、自らの手で切り取った領国から、天下人となった秀吉の政治的思惑によって未知の土地である関東八州に移された家康は嘗て、扇谷上杉氏の家臣である太田道灌が長禄元年（一四五七）に江戸城を築城したとされる江戸を中心地にした。家康は葦の茂げる日比谷入り江を埋めたて城域を拡大し、城下の整備を着々と行い、現在の東京に繋がる街作りを行った。その後江戸幕府が開かれると、江戸城周辺には全国の諸大名が屋敷地を拝領し、妻子を人質として住まわせ、藩主は江戸と領国を往来する参勤交代を行い徳川家に仕え、領国だけでなく江戸においても墓所を造立するようになる。

本稿では、江戸城を中心とした江戸府内とされる朱引き線周辺を対象地域とし、墓所造立した主な要因とその出現時期について考察を加えることを目的としたい。なお江戸府内（朱引き線内）については平成元年（一九八九）に東京都教育委員会によって作成された『江戸復元図』を参考にした(1)。今回対象地域とした江戸府内とその近郊とは、現在の千代田区を中心にし、港区、新宿区、文京区、台東区、中央区、杉並区、渋谷区、練馬区、中野区の一部が該当する。

一　大名墓の造立年代と分布及び墓所構造

江戸時代において、江戸府内及び近郊には多くの寺院が存在した。徳川将軍家では江戸入府以前から存在した増上寺と池上本門寺、新たに創建した伝通院と寛永寺を菩提寺とした。一部例外もあるが、ほとんどの大名が領国とは別に新たに江戸における菩提寺を成形した。江戸時代約二六〇年を通じて造立された墓所の数は膨大であり、また近代以降に廃絶し、旧領国の菩提寺に移築改葬されるなどにより、厳密な基数は把握されていないのが実情である。唯一戦後において、江戸府内近郊の大名墓の分布と墓標の悉皆調査の成果は秋元茂陽氏によってまとめられているにすぎない(2)。本稿では秋元氏によってまとめられた菩提寺の位置や墓標に刻まれる被葬者の法名や没年の詳細な記録を参考に、可能な限り自ら現地を踏査してまとめたものであるが、前述のように廃絶、移築もしくは一般公開が許可されない場合も多かった。

秋元氏の記録を基に藩主（当主）、成人女性（生母・正室・側室）、夭折子女の階層ごとに没年を古い順にまとめると表1～3のようになる。当初筆者は没年を集計する以前に江戸における大名墓所の出現時期を参勤交代制が『武家諸法度』に成文化される寛永一二年（一六三五）前後と予想していたが、意外と慶長期の没年を有する墓所が多いことが明らかとなった。無論没年と墓所造立時期が必ず一致するとは限らないと疑問が生じたが、菩提寺の創建時期や大名が既成の寺院を菩提寺と定めた寺院記録を辿ると墓所造立時期との整合性が見られることが明らかとなった。次に主に慶長期没年の墓所をその集計をもとに階層ごとに被葬者の出自、墓標などの地上構造物、また発掘調査が行われている墓所については埋葬施設について紹介を行いたい。

(一) 藩主（当主）の墓

稲葉良通　美濃斎藤氏、織田信長、豊臣秀吉に仕え、三代家光乳母の春日局（ふく）の祖父にあたる。没年は天正一六年（一五八八）没とある。墓所の所在する東禅寺（臨済宗）は慶長一五年（一六一〇）に麻布霊南坂に創建され、寛永一三年（一六三六）に現地に移転（港区高輪）した。そのため墓標は寺院移転時に新調した可能性が高いが、最も古い没年であることから参考として取り上げた。墓標は全高三一〇センチを測る相輪の無い宝篋印塔であるとされる。なお東禅寺墓所は非公開である。

土岐定政　永禄七年（一五六四）に家康の家臣となり、小田原征伐後に下総守谷に一万石を得た。後代に上野沼田藩に転封する。春雨寺は寛永七年（一六三〇）に草庵が出羽国に建てられたのに始まり、延宝元年（一六七三）に東海寺内の現在地に移転した。没年が慶長二年（一五九六）であることから墓所は後代に改葬移築された可能性が高い。墓標は亀趺型の台座上に笠塔婆を建て、全高二一八センチを測るという。土岐家墓標は一部が群馬県沼田市に移築され、さらに寺院は非公開である。

高木清秀　天正一〇年（一五八二）の本能寺の変後に家康と主従関係を結ぶ。後代が河内丹南藩を領することになる。墓所は杉並区の栖岸院に所在する。栖岸寺は天正八年（一五八〇）に三河に創建され、家康江戸入府とともに麹町に移転し、大正時代に現地に移転したとされる。墓標は板碑型を呈し（図1

①）、表面中央に法名、右に没年と享年、左に実名と造立者名が刻まれる。板碑自体が非常に大きく、高二一〇センチ、幅七二センチを測る。没年と寺院創建時期を考慮すると、オリジナルの墓標である可能性が高い。

内藤信成　弘治三年（一五五七）に家康に仕え、その側近となった。家康の関東移封後に伊豆一万石を与えられ、後代に越後村上藩に移封される。内藤氏の墓所は本来は小石川無量院に営まれていた。無量院の創建は慶長一九年（一六一四）であるが現在は廃絶している。墓所は関東大震災後に渋谷区に所在する東北寺（図1②）に移築されたが、さらに現在はすべて改葬され、新潟県村上市に移築されている。墓標は宝篋印塔とされるが詳細は不明である。没年と最初の菩提寺である無量院創建時期を合わせ考えると、オリジナルの墓標である可能性が高い。

新庄直頼　浅井氏、信長、秀吉に仕え、関ヶ原戦いでは西軍に属した。戦後改易されるが、慶長九年（一六〇四）に赦され、常陸麻生藩を興す。墓所のある吉祥寺は現在は文京区に所在するが、本来は江戸城付近に存在し、太田道灌が長禄元年に江戸城を築く頃までに創建は遡るとされ、その後神田を経て、明暦の大火後（一六五七年）に現地に移転したとされる。墓標形式は五輪塔であり（図1③）、二代直定墓と並ぶ。基台は小さいが五輪塔本体は非常に大きく全高二六三センチを測る。空輪と風輪間には約一〇センチの隙間が空くが、一体成形である。水輪と地輪に法名や没年が刻まれるが、風化が著しくほとんど判読できない。没年と埋葬寺院の履歴を考慮するとオリジナルの墓標と考えられる。外様大名では、江戸に墓所を設ける最も古い事例の一つである。

秋月種長　関ヶ原の戦いでは西軍に属して大垣城を守備していたが、西軍が壊滅すると東軍に内応し、他の守将を殺害し、大垣城を開城した。これによって家康から所領の日向高鍋を安堵された。現在墓所

①栖岸院　高木清秀墓塔

②東北寺

③吉祥寺　新庄直頼墓塔

④崇厳寺　秋月種長墓塔

⑤伝通院　松平重忠墓塔

⑥現龍院　稲葉正成墓塔

図１　藩主（当主）の墓

は崇巌寺を含めた五寺院の共同墓地である港区「六本木墓苑」に所在する（図1④）が、当初は前述した新庄直頼と同じ吉祥寺に建てられ同じ経緯を経たが、関東大震災後に六本木墓苑に移築された。墓標形式は宝篋印塔であり、保存状態は良好で、塔身各面には蓮弁を彫出し、基礎部正面には法名が刻まれる。全高二四八センチを測る。没年と埋葬寺院の履歴を考慮すると、オリジナルの墓標と考えられる。

池田長吉　池田恒興の三男であり、関ヶ原戦いでは東軍に属し美濃岐阜城攻めなどに参戦した。戦後に因幡鳥取藩に加増移封され、後代に備中松山藩に転封となった。墓所は稲葉良通と同じ東禅寺（臨済宗）に所在するが非公開である。墓標は宝篋印塔とされ、全高一九一センチを測るという。没年と埋葬寺院の履歴を考慮するとオリジナルの墓標と考えられる。

松平重忠　能見松平家は三河松平氏の庶流である。父重勝とともに家康に仕え徳川家の覇権獲得に貢献した。重勝の時に遠江横須賀藩の大名となり、後代に豊後杵築藩転封となり、幕末を迎える。墓所は伝通院に所在する。墓標形式は宝篋印塔であり（図1⑤）、非常に大きく全高四四七センチを測る。塔身四面には蓮弁が彫り出され、基礎部正面には法名が刻まれる。寛永初期の造立であるが参考としてあげた。

稲葉正成　三代家光の乳母である春日局（ふく）の夫であったが、ふくが乳母になる時に離縁した。秀吉、小早川秀秋に仕え、関ヶ原の戦いでは東軍に内通し、秀秋を寝返らせるのに成功した。慶長一二年（一六〇七）に美濃内に一万石の領地を与えられ大名となり、後代に山城淀藩に転封した。正成の大名への取り立て理由には諸説があるが、元妻ふくの影響も当然あったであろう。墓所は台東区寛永寺の子院現龍院墓地に所在する。小型の五輪塔であり、全高二〇八センチを測る（図1⑥）。地輪正面には法名、基台正面には現龍院開基縁起が刻まれている。寛永初期の造立であるが参考としてあげた。

徳川秀忠　以上では主に慶長期に造立された可能性が高い大名墓について紹介した。いずれの墓所も墓標の調査が行われているが、埋葬施設については未調査であり、その構造については不明である。近い年代の藩主（当主）階層の大名墓発掘調査事例は二代将軍徳川秀忠が知られるのみである。将軍墓であるため規模において比較が難しいが、将軍家墓制の確立した後代の将軍墓よりも簡素であり、大名墓成立の萌芽を見出すことができるので、墓標とともに紹介したい。

秀忠の墓所は徳川将軍家の菩提寺である増上寺に存在したが、第二次大戦の戦火により霊廟建築を含めて焼失してしまった。昭和三三年（一九五八）には秀忠をはじめとした合計三八基の墓所の改葬をかねた発掘調査が行われている。(3)

秀忠の墓標は木製円形宝塔である（図2①）。円形宝塔は徳川将軍家特有の墓標様式であり、素材に木製、銅製、石製が見られるものの、一五代徳川慶喜を除いて江戸時代を通じて歴代将軍に踏襲されている。(4)宝塔全面には細かな彫刻や金箔・彩色が施され（図2②）、徳川家康の最初の木製円形宝塔も同じ様式であったと推測される。木製円形宝塔は八角形覆堂内に納められていたが（図2③）、第二次大戦の戦火によりすべて焼失してしまった。

戦災後地上には、八角形の外陣とその中央に木製円形宝塔を載せた蓮華台座を残すのみであった。蓮華台座を撤去するとその直下から石室が検出される（図2④）。蓋石は二石から成り、二石で長さ約三メートル×幅・厚さ約一メートルを測る。蓋石の下には大谷石の板石を七段積んで石室を形成している（図2⑤）。石室外法は約二・五メートル四方×高さ約一・七メートルを測る。蓋石を開けると石室内には土砂が流れ込み、木棺は石室底部中央に安置されていた。木棺の大きさは未詳であるが、板材を縦に組み合わせて形作り、木棺の周りに上下二段の箍が見られることから、木棺は早桶形であると判断できる（図

①増上寺　徳川秀忠宝塔

②宝塔（部分・奈良文化財研究所蔵）

③八角形覆堂（奈良文化財研究所蔵）

④石　室

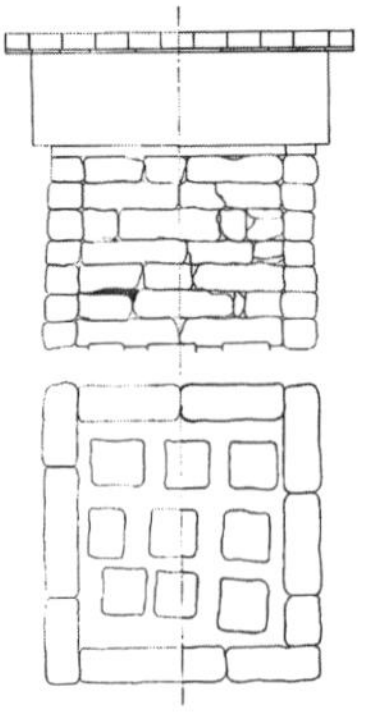

⑤断面・床平面図

⑥木　棺

図２　増上寺　徳川秀忠の墓

2⑥）。木棺の北側には副葬品を納めた木箱が置かれ、内部からは火縄銃・玉入れ・火縄入れ・手文庫が出土した。木棺内からは衣類・冠・扇などの副葬品が出土している。体位は胡座である。

秀忠の埋葬施設は板石積みの石室内に早桶を棺とした簡素な構造であるが、宝塔直下に埋葬施設を築き、石室蓋石に二つの巨石を使い、石室全体で宝塔を支えるなど、後の将軍墓や正室墓などの埋葬施設と共通する構造も見出すことができる。

(二) 女性の墓

大名家女性の墓所の事例は藩主（当主）階層に比べ少なく、現存するものは将軍家を中心としている。主に所在が確認され、没年の古い順に概観してみたい。

お大の方　徳川家康の生母であり、墓所は文京区伝通院に所在する。伝通院はお大の方の菩提を弔うために家康によって創建され、法名をもって寺院名とした。墓標は変形宝篋印塔であり（図3①）、非常に大きく、全高四五八センチを測る。塔身は球形を呈し蓮弁と梵字が陰刻される。また基礎部正面には法名が刻まれる。没年と寺院創建年代には整合性が見られ、現存する大名墓では最古と推定される。

西郡の方　徳川家康の側室であり、墓所は品川区長応寺に所在する。西郡の方の本墓は京都本禅寺にあり、当地は分骨墓である（図3②）。墓標は変形宝篋印塔であり、全高一三四センチを測る小型である。隅飾が無く、笠には葵文、基礎部正面には法名が刻まれる。本墓ではないが造立が古いので事例とした。

毛利秀就側室・立花宗茂生母　両墓ともに練馬区広徳寺に所在するとされたが、毛利秀就側室は改葬され行方不明となり、立花宗茂生母墓も立花家墓域は確認できたが（図3③）、墓標は明確に確認できなかった。広徳寺の創建は元亀・天正期とされ、天正一九年（一五九一）に徳川家康によって、神田に再

①伝通院　お大方墓塔

②長応寺　西郡の方墓塔

③広徳寺　立花家墓所

④増上寺　お江の方宝塔

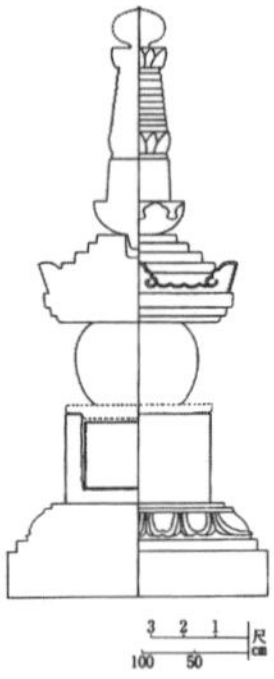

⑤増上寺　お江の方宝篋印塔立面・断面

図３　女性の墓

建され、関東大震災の被災により現地に移転した。毛利元就側室の墓標は五輪塔、立花宗茂生母は笠塔婆とされる。

お江の方　女性墓の調査も墓標を中心に行われ、埋葬施設の発掘調査事例は少ない。最も没年が古い墓所の調査事例は、二代将軍徳川秀忠正室のお江の方である。墓標の形式と合わせて発掘調査の内容も紹介したい。お江の方の墓所は港区増上寺に建てられた。秀忠の項で述べた経緯で調査が行われた。

現在、増上寺徳川家霊廟に安置される八角形宝塔は将軍正室でも御台所と称された人物のみに許される墓標形式であり、塔身の横断面形は八角形を呈し、笠の棟は強く表現される。頂部には宝珠が載り、お江墓では宝珠と請花の間に九輪が表現されている（図3④）。お江の墓は埋葬当初宝篋印塔を建て（図3⑤）、五代綱吉の時に八角形宝塔に建て替えられたとされる。

お江の方の埋葬施設については不明な部分が多い。報告書によると八角形宝塔を撤去後、その下を掘削すると五点の宝篋印塔部材が出土した。この宝篋印塔は寛文年間に五代綱吉によって八角形宝塔に建て替えられる以前の墓標である。その塔身部は内部が削られ、石櫃状に加工されていた。また石櫃の外面には法名と讃語が刻まれていた。内部にはヒノキ製の木箱があり、その中には火葬骨・木炭・鉄釘が納められていた。お江の方は死後、麻布野で火葬され、増上寺に埋葬されたが、宝篋印塔から八角形宝塔へ建て替える時に、宝篋印塔の塔身部を加工して石櫃に転用して、火葬骨等を埋葬したと推測される。特異な埋葬方法であり、後代の御台所の埋葬と比較すると徳川将軍家の葬制が確立していなかったことがわかる。

(三) 夭折子女の墓

夭折子女の墓所の実態も明確ではなく、把握できたのは将軍家の事例のみである。

長　丸　徳川秀忠の長男であり、港区増上寺に埋葬され、前述したように増上寺将軍家墓所改葬時に発掘調査されている。しかし報告書では、宝篋印塔の墓標が図示されるのみで、埋葬施設についての記述は未詳である（図4①）。また墓石の所在も不明であり、唯一実測図が存在する。実測図から全高約二三〇センチを測る大きいものであり、塔身には梵字が刻まれる。

亀　松　徳川家光の二男であり、伝通院に埋葬されている。現存する将軍家夭折子女墓では最古のものである。塔身部が球形の変形宝篋印塔である（図4②）。相輪が宝珠に変わり、基礎部正面に法名と没年が刻まれる。これも全高四六六センチを測る大きなものである。

二　大名墓の出現時期とその原因

以上のように藩主（当主）、女性、夭折子女の墓の墓標形式を総覧すると五輪塔と宝篋印塔の中世以来の形式が引き継がれていることがわかる。また宝篋印塔では塔身が球形化し、後代に御三卿も含めた徳川家特有の球形宝塔の原型を見出すことができる。さらに将軍家特有の円形宝塔、八角形宝塔も出現し、江戸時代初期においても様々な墓標形式が併存したことも確認できた。

①増上寺　長丸墓塔
②伝通院　亀松墓塔
図4　夭折子女の墓

造立時期を見ると、特に藩主（当主）、女性墓において慶長一二年（一六〇七）以降に造立が急増する傾向が見られる。あらためて家康の関東移封から没年までの出来事をまとめると表4になる。家康は関ヶ原の戦いの三年後の慶長八年（一六〇三）二月に征夷大将軍に就任し、二年足らずの慶長一〇年（一六〇五）四月に秀忠に将軍を譲り、大御所として駿府へ移り、実質的に天下を統治する。慶長一九年（一六一四）から翌年五月までは豊臣家を滅亡させた大坂冬の陣、夏の陣が起こり、五月に豊臣秀頼の自害によって終結した。元和二年（一六一六）に徳川によって天下が定まったことを見届けたように六月一日に七五年の生涯を閉じた。以上のような表4と大名墓造立時をまとめた表1と表2を検討すると、遅くとも慶長一二年以前には諸大名の江戸府内近郊における菩提寺の制定と墓所造立の動きが始まったと判断でき、筆者は慶長八年の家康将軍就任と慶長一〇年の秀忠への将軍職移譲がその転換点であったと考える。同様な推測を導き出す記録が他にも見られる。

慶長八年から一〇年にかけて、全国諸大名に対して大規模な動員がかけられた。慶長八年二月には諸国大名に対して江戸市街を修治させ、運漕（運河）の水路を疏鑿（開削）させている。この時動員された大名は結城秀康や松平忠吉の家康実子の他は、前田利長、上杉景勝、伊達政宗など外様大名を中心に七〇余家に及び、千石に付き一人の役夫が課せられ、この時の修治を担当した市街には担当した大名の国名が付けられたとされる。[5]また同年春には、関西の諸大名が大納言（秀忠）に拝謁するために順次江戸へ参府している。言うまでもなく関西諸大名が自主的に参府したわけではなく、家康の後継者が秀忠であることを明示したいという徳川家の圧力によるものである。[6]

さらに慶長八年時点での徳川家の威勢を記した文章がある。同年七月二八日に秀忠の長女千姫が大坂城の秀頼に輿入れする時、千姫は伏見から船に乗って大阪城入りしたが、千姫の船には数千隻の船が随伴し、

表1　藩主（当主）の墓

氏名	領国・続柄	親疎	没年	法名	埋葬地（宗派）	墓標形式	埋葬形式	備考
稲葉良通	豊後臼杵藩初代父	譜代	天正16年(1588)11月9日	清光院殿	港区・東禅寺(臨済宗)	宝篋印塔	不明	非公開
土岐定政	下総守谷藩	譜代	慶長2年(1596)3月3日	増圓寺殿	品川区・春雨寺(単立)	笠塔婆	不明	非公開、一部群馬県沼田市移築
高木清秀	河内丹南藩初代父	譜代	慶長15年(1610)7月13日	性順大信士	杉並区・栖岸院(浄土宗)	板碑	不明	
内藤信成	越後村上藩	譜代	慶長17年(1612)7月24日	法善院殿	渋谷区・東北寺(臨済宗)	宝篋印塔	不明	新潟県村上市に移築
新庄直頼	常陸麻生藩	外様	慶長17年(1612)12月19日	総寧寺殿	文京区・吉祥寺(曹洞宗)	五輪塔	不明	
秋月種長	日向高鍋藩	外様	慶長19年(1614)6月13日	雄山俊英大居士	港区・崇厳寺(浄土宗)	宝篋印塔	不明	
池田長吉	備中松山藩	外様	慶長19年(1614)9月14日	隣松院殿	港区・東禅寺(臨済宗)	宝篋印塔	不明	非公開
内藤信正	越後村上藩	譜代	寛永3年(1626)4月28日	光徳院殿	渋谷区・東北寺(臨済宗)	宝篋印塔	不明	新潟県村上市に移築
松平重忠	能見松平家	譜代	寛永3年(1626)7月1日	桐林院殿	文京区・伝通院(浄土宗)	宝篋印塔	不明	
青木一重	摂津麻田藩	外様	寛永5年(1628)8月9日	梅隣院	港区・瑞聖寺(単立)	五輪塔	不明	
鳥居忠政	下野壬生藩	譜代	寛永5年(1628)9月5日	英山全雄大居士	文京区・江岸寺(曹洞宗)	五輪塔	不明	
稲葉正成	山城淀藩	外様	寛永5年(1628)9月17日	現龍院	台東区・寛永寺現龍院(天台宗)	五輪塔	不明	
毛利高政	豊後佐伯藩	外様	寛永5年(1628)11月16日	羪賢寺殿	港区・東禅寺(臨済宗)	笠塔婆	不明	非公開
藤堂高虎	伊勢津藩	譜代	寛永7年(1630)10月5日	寒松院	台東区・寛永寺寒松院(天台宗)	宝篋印塔	不明	非公開
徳川秀忠	2代将軍	将軍家	寛永9年(1632)1月24日	台徳院殿	港区・増上寺(浄土宗)	木製円形宝塔	土葬・石室木槨墓	昭和20年焼失、昭和33年改葬

表2　女性の墓

氏名	続柄	親疎	没年	法名	埋葬地	墓標形式	埋葬形式	備考
お大の方	徳川家康生母	将軍家	慶長7年(1602)8月29日	伝通院殿	文京区・伝通院(浄土宗)	宝篋印塔	不明	
西郡の方	徳川家康側室	将軍家	慶長11年(1606)5月14日	蓮葉院	品川区・長応寺(法華宗)	宝篋印塔	不明	
(萩毛利家)	毛利秀就側室	外様	慶長12年(1607)5月23日	徳雲院殿	練馬区・広徳寺(臨済宗)	五輪塔	不明	行方不明
(筑後柳川藩)	立花宗茂生母	外様	慶長16年(1611)4月27日	宋雲院殿	練馬区・広徳寺(臨済宗)	笠塔婆	不明	
(大和新庄藩)	永井直勝正室	譜代	慶長17年(1612)7月22日	盛岸理鏡大禅定尼	中野区・万昌院・功運寺(曹洞宗)	宝篋印塔	不明	
茶阿の方	徳川家康側室	将軍家	元和7年(1621)6月12日	朝覚院殿	文京区・宗慶院(浄土宗)	宝篋印塔	不明	
お江の方	徳川秀忠正室	将軍家	寛永3年(1626)9月15日	崇源院殿	港区・増上寺(浄土宗)	八角形宝塔	火葬	旧は宝篋印塔

表3　夭折子女の墓

氏名	続柄	親疎	没年	法名	埋葬地	墓標形式	埋葬形式	備考
長　丸	徳川秀忠長男	将軍家	慶長7（1602）9月25日	秋徳院	港区・増上寺（浄土宗）	宝篋印塔		
千　熊	稲葉正成男	譜代	寛永2（1625）1月19日	梅嶺院	文京区・養源院（臨済宗）	宝篋印塔	不明	（山城淀藩）
亀　松	徳川家光二男	将軍家	正保4（1647）8月4日	月渓院殿	文京区・伝通院（浄土宗）	宝篋印塔		

表4　主な出来事

天正18年（1590）	江戸移封
慶長5年（1600）	関ヶ原の戦い
慶長8年（1603）	徳川家康征夷大将軍宣下（2月）
	千姫輿入れ（7月）
慶長10年（1605）	将軍職秀忠へ移譲（4月）
慶長19年（1614）	大坂冬の陣
慶長20年（1615）	大坂夏の陣、秀頼自害（5月）
元和2年（1616）	家康没
寛永12年（1635）	武家諸法度の改訂で参勤交代義務化

この距離一〇里間（約四〇キロ）の東岸の堤上には関西の諸大名、西岸には前田利長が立錐の余地がないほどの大人数で厳重に警護したとされる。また別記録にはこの千姫婚礼に関して将軍家の威徳は年々盛大になり、将軍宣下後は諸国の闕地はことごとく一門譜代の人々が封じられ、天下の諸大名はみな妻子を江戸に出し、自身は年々江戸へ参勤する。この様子を見ると天下は遂に徳川家の天下となったと記されている[(7)]。

徳川家の統治が長く続くことを諸大名に決定的に認識させたのが、慶長一〇年の家康から秀忠への将軍職の継承である。同じく天下人となった織田信長は本能寺の変によって長子信忠とともに自害し、その後継者は幼い三才三法師（秀信）であった。豊臣秀吉も死去した時、秀頼は五才であり、両事例とも厳しい戦国時代を生き抜いてきた諸大名は天下人の後継者とすることを疑問視したことであろう。しかし徳川家の場合、家康は将軍職を譲った後も大御所として実質的に天下の政務を執行し、秀忠はまだ二七才と若いが、すでに長子家光が生まれていた。信長と秀吉の事例と比較すると誰しもが徳川家の天下が長く続く、恭順すべきという心理が働いたのである。そうした諸大名の心理状態が具現化され、江戸府内もしくは近郊に、領国とは別に菩提寺を設ける結果となったと考えられるのである。本稿においては慶長一二年以降に大名墓が激増する様子しか明示できなかったが、筆者は江戸府内近郊への菩提寺の制定と墓所造営は慶長八～一〇年のころにはすでに始まっていたと結論付けたい。そしてこの時に諸大名としては、天下は徳川家のものとの共通の認識をもっていたと考えるのである。

三　まとめ

以上のように、江戸における大名墓の成立時期とその理由の考察を進めてみた。大名の妻子を人質として要求するのは、戦国時代から同盟の保証として行われてきた。江戸時代においても参勤交代として人質制度が継承されたが、それが『武家諸法度』として成文化されたのは三代家光の時代になってからである。その人質制度が墓を江戸に設けるという死者に対しても適応されたのが江戸時代の特徴の一つではなかったかと考える。今回各所の大名墓を見て回ったが、既に廃絶したり、旧領国に移築している場合が多かったのには驚き、貴重な文化財が失われる寂しさも感じた。

最後ではあるが、本稿を執筆にあたり、大名菩提寺の近況情報をご教示頂いた中野光将氏に感謝を申し上げたい。

【註】

(1)東京都教育委員会　一九九一『江戸復元図』
(2)秋元茂陽　一九九八『江戸大名墓総覧』
(3)鈴木　尚・矢島恭介・山辺知行編　一九六七『増上寺徳川将軍墓とその遺品・遺体』
(4)今野春樹　二〇一三『徳川家の墓制』
　寛永寺谷中徳川家近世墓所調査団編　二〇一二『東叡山寛永寺徳川将軍家御裏方霊廟』
(5)『徳川実記』「東照宮御実記」巻五
(6)前掲註6に同じ
(7)『徳川実記』「東照宮御実記」巻六

地域における近世大名墓の成立1

九州

美濃口雅朗
野村俊之

近世大名墓の成立は、墓の荘厳化と以降の継続化という現象をもって理解することができる。それは、墓所の規定と大規模化、霊屋・基壇の採用、墓石の規模・形態の変化、灯篭・花立などの荘厳具の採用といった、墓を構成する様々な要素において表出するものである。近世大名墓が多様であるのは、つまりは、この現象のあり方の多様性ゆえであり、また、それが表出する画期も一様ではない。

本稿は、九州の近世大名墓について代表的な事例を紹介し、その成立要因を検討するものである。

一　肥前型有角五輪塔の発生と定着─佐賀鍋島藩武雄鍋島家圓應寺墓所─

佐賀藩には三支藩の他、親類や主君筋であった親類同格龍造寺家三家があり、この三家は地方領主と龍造寺家の戦国末期の抗争の中で、それぞれ地方領主を襲った一族である。武雄鍋島家は大村家から養子として入った後藤貴明と龍造寺隆信との間で養子交換した家信を初代とする。

墓所は武雄市富岡所在の曹洞宗普門山圓應禅寺である。寺伝によれば川良の地に永正一六年(一五一九)、領主後藤純明の意を受けて開山したが兵火により焼失したため、天正から文禄期に同貴明と子によって現在地に再建されたという。このように当寺は旧領主後藤家と関係深く、初代家信以降歴代領主の墓所として営まれる。一部を除く歴代墓は有角五輪塔を採用し、霊屋には原則として当主夫婦が一単位として収められ、屋内には四十九院板卒塔婆他を巡らせる。初代から四代茂紀、五代前・後室は「西の御霊屋」に、以後近代までは「東の御霊屋」に祀られる。各霊屋は弁柄を塗布しており、四十九院板卒塔婆とともにわずかながら形態差が見え、顔料の退色・剥落もほぼ年代順に進む[1]。

図１　武雄鍋島家２代前室墓
有角五輪塔

元和八年（一六二二）没の初代家信墓は、輪郭こそ有角五輪塔定型化の兆しを見せるが、火輪軒下端部は段をなしその直上には蓮弁を陽刻するなど、宝篋印塔笠の影響が看取される。寛永一九年（一六四二）没の家信室墓も同様の陽刻を有し、さらには有角部の内側辺は隅飾のような丸みを帯び、空風輪間に蓮弁を持つ。当該墓域で最も古い没年銘を持つ二代前室墓（元和二年没）も宝篋印塔との折衷傾向があるが、水輪に円相と点を陰刻するという新しい要素も認められ、没年と造立年が必ずしも一致しない可能性がある（図１）。一八世紀代の四代茂紀・室墓では水輪が球形となり、蓮弁も省略された典型的な西九州の近世有角五輪塔の形態を示す。これ以降は東の御霊屋に移る。このように近世初期の有角五輪塔は宝篋印塔の笠の印象を残す物となっており、夫婦・親子関係の中で継承・模倣を含みつつ、定型化した形態が成立したと見られる。ただし、墓石形態選択においては三代茂和・室墓のような夫婦併記の板状墓石や二代成綱墓の三層塔のような例外もある。東の御霊屋背後の丘陵部には、概ね近世初頭から中頃の家臣・一族墓と見られる墓石が散在している、この中にあって元禄年間の夫婦併記の板状墓石は五輪塔二基の浮き彫りを伴うが、ともに輪郭は有角五輪塔である。この時期には、五輪塔とはすなわち有角五輪塔であるという意識が定着していたことが窺える。折束的な形態も見られ、丘陵上部には新造の四阿に四基の小振りな墓石が並び、これらは戦国期における旧後藤氏関連の供養塔である（図2）。最も注目されるのは、相輪＋有角五輪塔と同形の火輪＋首部を持つ水輪の組合せで弘治三年（一五五七）銘のある一基で、これは後藤純明室（没年は天正年間）の逆修墓とされるものである。この他、宝篋印塔（後藤一八代純明供養塔）、水輪に円相・蓮華座を陰刻する五輪塔（後藤一九代貴明預修塔・同室預修塔）がある。年記銘と形態の変化を考慮すれば、一六世紀中頃前後のものと考えて良いだろう。これは、後藤家が龍造寺と養子交換を行なう直前に該当するものである。

このように当墓所では、一七世紀末頃まで宝篋印塔と五輪塔の折束形や他の塔形など様々なバリエーションも認められるが、定型的な有角五輪塔の成立が近世領主墓の形態を確立させ、西北九州の有角五輪塔の発生と定着を通時的に追うことができる好例といえる。

図２　旧領主後藤氏供養塔

二　伊東塔の成立と荘厳化―飫肥藩報恩寺伊東家墓所―

飫肥藩伊東家は日向南部、飫肥一帯を領した外様大名で、建武三年（一三三六）の下向以来、消長はあったものの江戸時代まで日向の領主として存続した。報恩寺は初代藩主祐兵の死を契機として創建された臨済宗妙心寺派の寺院である。墓所には、初代藩主の父義祐以降の藩主・当主墓一五基が連綿と営まれており、同一空間には室・子女墓、殉死墓も存在する。ただし各墓の配置は、多くは造墓時のものではなく、後世の墓所整理によって原位置を動いたものである。

当墓所において注目されるのは墓石形態である。藩主墓、室・子女墓ともに軸部が方柱形を呈する異形の宝塔を採用しており、これは当該地域独特の形態で伊東塔といわれるものである。伊東塔は主に宮崎県南部に分布し、その成立は大永年間（一五二一～二八）とされる（宮崎県教育委員会一九八四）。以降、江戸時代を通して伊東一族の墓・供養塔に多用されることから、その名が冠されている。注目されるのは、各部位に種子（キャカラバア）あるいは空風火水地を刻むものが多く認められることである。すなわち、外観は宝塔であるが、五輪塔と同様に五大思想を反映した形態と捉えることができる。このことを端的に示

図３　伊東尹祐墓
隅切五輪塔

図４　伊東家２代祐慶墓
伊東塔

すのは、以下に挙げる過渡的型式の存在である。西都市大安寺跡に所在する、大永三年（一五二三）に没した伊東家当主尹祐とその室の石塔は、隅切五輪塔と呼ばれるもので、相輪・露盤を持つ一方、軸部は隅を切って四方面を円形に整えた水輪様を呈している（図3）。宮崎市清武町に所在する山内石塔群（宮崎県教育委員会一九八四）において複数認められる、空風輪が相輪に置き換わった異形の中世五輪塔も同様の過渡的型式といえる。これらは伊東塔の成立過程を表すものであり、伊東塔とは、五輪塔をベースにしながら宝塔の形状が融合した形態と考えられるのである。伊東家墓における伊東塔の出現は、尹祐の次代、天文二年（一五三三）に没した祐充墓からで、以降、戦国期の当主墓は原則として伊東塔が採用されている。

翻って報恩寺墓所の墓石形態を見ると、伊東塔を継承しながらも、寛永一三年（一六三六）に没した二代祐慶墓以降、荘厳化が看取される。塔形態は二層化し、軸部には瑞雲・蓮華・鳳凰・龍などの優美な浮き彫りが刻まれ、赤彩が施されるようになるのである（図4）。藩主墓の他には認められない現象であり、この画期をもって、本墓所における近世大名墓の成立と捉えたい。二代祐慶は、病気の父初代祐兵に代わって関ヶ原の戦いにおいて東軍に与し、本領を安堵された人物であり、この事績が墓石形態に反映されたものと理解される。

三　黄檗形式墓石の採用―佐賀鹿島支藩鍋島家普明寺墓所―

ここでは、近接する二ヵ寺にそれぞれ歴代の墓所を有する鹿島支藩鍋島家墓所について述べる。鹿島支藩は初代忠茂が徳川秀忠から五千石を受け、後に本藩鍋島勝茂より二万石を与えられ成立した。二代正茂は出奔し一旦断絶したが、寛永一九年（一六四二）、改めて勝茂男の直朝に与えたことにより存続できたという経緯がある。

忠茂は後室のため元和八年（一六二二）に、曹洞宗永渓山泰智寺を鹿島市浜宿に創建した。この初代夫妻の墓は、有角五輪塔を採用し霊屋内に祀られる。三代直朝以降歴代は爪髪塔として、夫妻一単位を基本とする区画に有角五輪塔を造立し、ほぼ横一直線に並んでいる。慶長九年（一六〇四）銘初代前室墓は中央部に単立する有角五輪塔である。

鹿島市古枝所在の黄檗宗円福山普明寺は、三代直朝長男の黄檗僧格峯實外を開基とする黄檗派寺院である。墓所は後背丘陵部にあり、三つの空間に分けられる。最も標高の高い位置を開削し前面に広い空間を持った三代直朝・室千代墓（図5）、中段の歴代墓、それに隣接する区画の近代に至る一族墓がある。

これらの墓石は、格狭間を持つ方形基礎上に請花反花を合わせた蓮華座を持ち、六角形または方柱の竿石、蕨手の付く笠、相輪もしくは宝珠・露盤を乗せる。これは黄檗中国僧墓を模した物とされ（木村二〇〇七）、名称を「寿塔」形式としたい。三代室墓銘文（長男格峯實外の撰文）には「新造寿塔・入骨」等の文字が見え、逝去年・造墓年・新造墓年の年号が刻まれるなど、複雑な造立の経緯とともに「寿塔」が「逆修」のように行為を表すのではなく、墓石そのものを示す用語であることが看て取れる。またほぼすべて墓石の戒名銘下に「之塔（異字）」という語句が付加されており、黄檗にとって墓石すなわち「塔」

図５　鹿島鍋島家３代室墓
寿塔形式

であるという宗教的意識を主張している。

なお、四代直條墓区画前には正徳元年（一七一一）銘の碑一基が嫡男直堅によって造立されており、撰文は林羅山孫林大学守鳳岡である。黄檗と儒学が共に関わっていることが認められる。

以上のように、当支藩は地生えの近世大名である佐賀藩鍋島家内部の抗争により一旦断絶し、直朝が三代を襲って以降、黄檗寺院を開くことによってその克服を試みたことが窺われ、後には儒家との接近も認められる。一方で従来の菩提寺である泰智寺には爪髪塔を造立し、継続性を主張している。

四　石材使用の変化—福江藩五島家大円寺墓所—

福江藩五島家墓所のある曹洞宗広厳山大円寺は五島市大円寺町に所在、五島の領主宇久盛定が大永年間（一五二五頃）に当地にあった庵を改め建立したと伝えられる。墓所は福江川を挟んで南北に分かれ、近世福江藩初代玄雅（宇久氏五島家二一代）[2]から現代に至る当主・室・子女墓が営まれる。南墓所西側基壇には、宇久氏一六代囲～一九代純定とされる墓石が列をなす。これら戦国期以前の墓石一七基は河川氾濫の被害を受けたものであり[3]、宝篋印塔・有角五輪塔及び残欠である。初代玄雅墓（眞鳥一九八六）は花崗岩製石祠内に宝篋印塔が安置されたものである。

二代盛利墓は墓所入り口となる石段正面に区画を設け、関西型五輪塔が単立する（図6）。これ以降五代盛暢墓までは歴代順に室墓と並立し、関西型五輪塔または宝珠唐破風笠付方柱形を採用する。使用石材は原則瀬戸内系花崗岩で構成される。墓所は享保一九年（一七三四）没の六代盛住以降、川を挟んだ北墓所に移り石材も在地のものとなる。一方、富江領五島家瑞雲寺歴代墓所（葬地はすべて江戸）は幕末まで一貫して花崗岩製関西型五輪塔の使用を継続している。

大円寺建立に関わる宇久盛定は、一旦平戸へ逃れたが再び五島を平定、江川城を築き戦国大名としての地歩を固めた人物である。次に南墓所正面の二代盛利は、五島列島に散在する有力家臣を福江に集め中央集権を強化する「福江直り」等を実施した藩主であり（福江市史編纂委員会編一九九五）、実質的な近世大名としての体制を整えるに至った人物である。なお、福江島上陸を果たした宇久氏八代覚墓のみは根拠地とされる岐宿町岐宿の金福寺墓地にあるが、これは近世に五島家の手によって再整備、顕彰されたものである。

図６　五島家２代盛利墓
関西型五輪塔

　盛利墓は近世大名として関西型の五輪塔を選択し、以降、南墓所では供献具や忌垣にも同様の花崗岩が使用されている。これらは瀬戸内海を経由した海上交通の中で物資集積地からの復路にバラストを兼ねて石材が搬入されたものであろう(4)。近畿一円の商人とは中世対外交易時から盛んな交流があったと思われる。

五　新規の墓石形態の創出―福岡藩崇福寺黒田家墓所―

福岡藩黒田家は、筑前のほぼ全域を領した外様大名である。播磨姫路の小領主から豊前を経て、筑前に封じられた。崇福寺は、仁治元年（一二四〇）に創建、慶長五年（一六〇〇）に現在地に再建された臨済宗大徳寺派の寺院である。墓所は、藩祖孝高（如水）・初代長政をはじめ、四・五・六・七・九・一〇代藩主、室・子女、東蓮寺支藩主などの墓石が横位に並ぶ。ただし、この景観は昭和二五年（一九五〇）に行なわれた改葬工事後のものである。改葬以前の記録（奥村一九六九、三木二〇一一）をみると、本来は、現在の約五倍を越える広大な墓域を有し、墓前空間を囲んで中央に孝高・長政墓が、その周囲に四代以降の藩主墓などが配されるものであった。墓の形態は、縁石で画した円形の盛土を築き、その上に墓石を安置するもので、規模は歴代藩主墓が大きく、特に孝高・長政墓が突出している（計測値記録が残る四代綱政墓は盛土径一二メートル）。墓石形態は、本藩・支藩とも歴代墓が笠付方柱塔、室墓が有角五輪塔である。現在の墓石は、改葬に伴って新造したものや旧来の単独墓石に複数名の戒名を追刻して共用墓石としたものが混在しており、長政以降の本藩歴代藩主墓石については新造品である。

慶長九年（一六〇四）に没した藩祖孝高の墓石は造立当初のものであり、巨大な笠付方柱塔の竿石四面には景轍玄蘇の撰による事績碑文が刻まれている（口絵・図7）。このような碑文を伴う形態の墓石としては九州最古の事例である。事績を刻す顕彰碑でもあり、その性格上、広い碑面を必要とすることから選択された形態

図７　黒田家藩祖孝高
笠付方柱塔

と判断される。これには碑文を撰した景轍玄蘇の指導があった可能性を指摘できる。玄蘇は、文禄の役からその後の己酉約条など朝鮮外交において活躍し、さらには朝鮮王朝から銅印を授けられたという禅僧である（長一九八五）。玄蘇の知見により朝鮮半島の墓石・石碑形態が発想され、それが孝高の墓石に反映されたものと理解したい。なお、改葬前の孝高墓は、上記のような地上施設でありながら、黒田家史料『御追号集』に「御遺体収　御塔御位牌共有之　崇福寺」（福岡市史編集委員会二〇一三）とあるように、埋葬主体を伴う「墓」であったことを付記しておく。

孝高の父職隆墓は、晩年の居城である姫路市国府山城の麓に存在し、墓石形態は五輪塔である。型式から職隆の没年である天正一三年（一五八五）と大過無い時期の造立と考えられ、角礫凝灰岩（豊島石）製、総高約二メートルを測るものである。翻って孝高の墓石をみると、職隆五輪塔とは懸絶した規模を有し、新規の形態を採っている。五二万石の大藩の藩祖に相応しい威容を表現する装置へと変質しているのである。この形態は初代長政墓に踏襲され、少なくとも形状については四代以降の藩主墓へ（碑文の有無は不明）、さらには、東蓮寺支藩主墓、秋月支藩古心寺墓所、江戸祥雲寺黒田家墓所にも採用されていく。こうした点を重視し、孝高墓の造立をもって黒田家における近世大名墓の成立と捉えることができる。

六　二つの廟所―熊本藩妙解寺・泰勝寺細川家墓所―

熊本藩細川家は、肥後の大半を領した外様大名である。寛永九年（一六三二）、加藤家改易に伴い豊前小倉藩より入部した。本項では国元における二つの藩主墓所を取上げ、相互の比較を行なう。

妙解寺は、寛永一八年（一六四一）に没した初代藩主忠利の死を契機として、その二年後に創建された臨済宗大徳寺派の寺院である。墓所には初代～七代、十代の藩主墓、室・子女墓、殉死墓などが存在する（鈴木一九七八）。初代忠利墓は、約九・七メートル角の正方形と約四・三×三・五メートルの縦長の長方形が一体となった大規模で特異な平面形の基壇を造り、その上に霊屋と拝殿を建て、五輪塔を安置するものである。この平面形を呈する基壇は、二代以降の藩主墓にも規模を縮小しながらも採用され、細川家墓所の特徴となっている。この形態の原型は、京都市南禅寺天授庵に存在する慶長一五年（一六一〇）没の家祖藤孝（幽斎）墓と考えられる。拝殿基壇が縦長の形状を呈する点に特徴がみられ、これが初代忠利墓において採用され、霊屋基壇と一体の形状となり、かつ大規模化したものと理解される（図8）。この新規の基壇形態の成立をもって、細川家墓所における近世大名墓の成立と捉えることができよう。

泰勝寺は、藤孝の死を契機として小倉において創建された臨済宗妙心寺派の寺院である。移封に伴い熊本に移設し、寛永一四年（一六三七）、現在地の熊本市黒髪に建立された。墓所には四つ御廟と称される藤孝・室麝香、忠興・室ガラシャの墓の他、八・九・一一・一二代藩主墓、近代以降の当主墓、子女墓が存在する（鈴木一九七一ほか）。四つ御廟は、いずれも拝殿・霊屋を設け、五

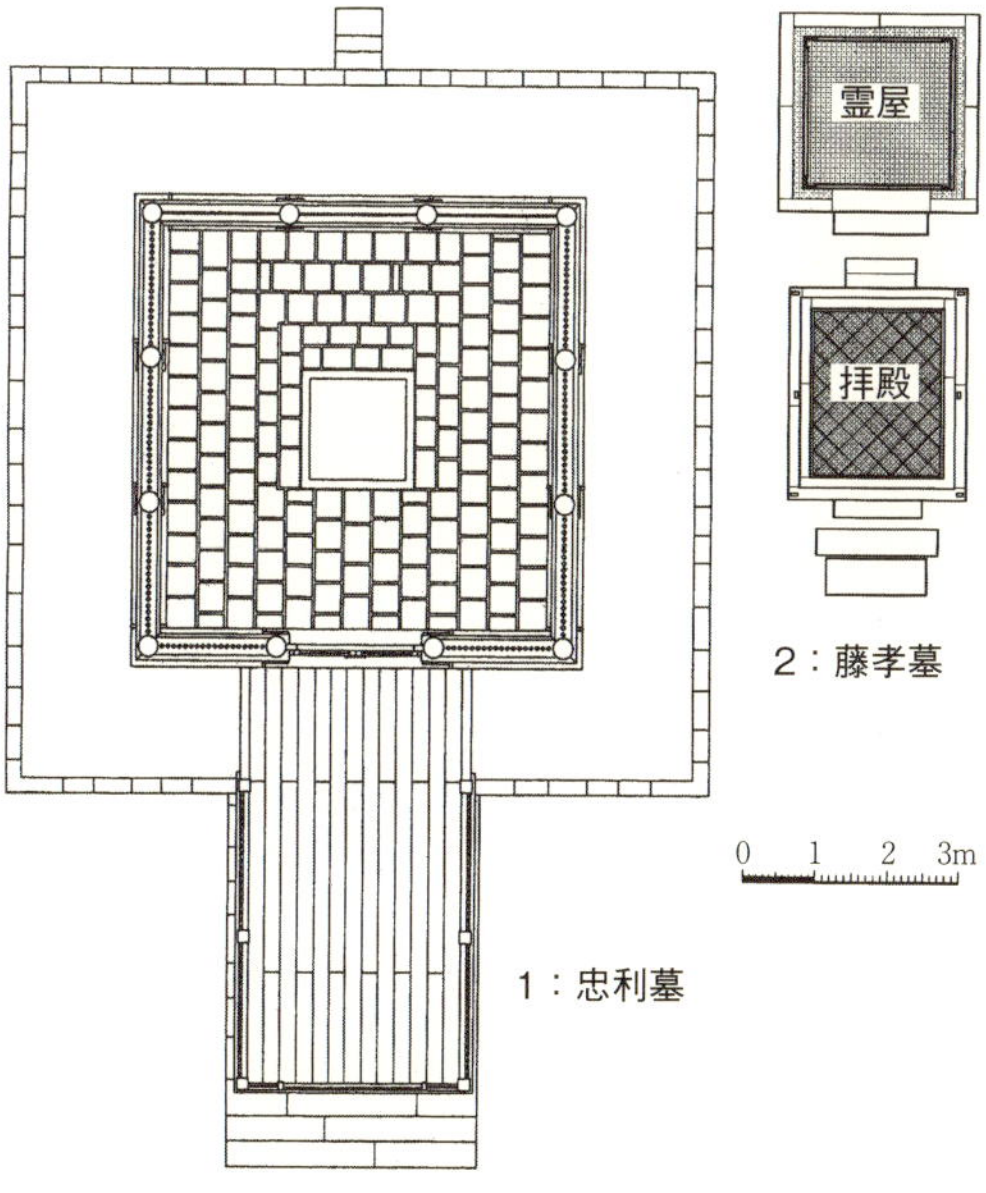

1：文化財保存計画協会 1988 から転載
2：筆者略測

図8　細川家墓所図面

輪塔を安置するものである。藤孝・麝香・ガラシャは、熊本移封以前に没しているが、五輪塔は熊本在地産の金峰山系輝石安山岩製であり、また、初代忠利五輪塔との型式比較から、移封後の寛永一〇～一四年頃に制作されたものと考えられる。忠興は正保二年（一六四五）に没し、五輪塔は、その後の移転を経て延宝四年（一六七六）に製作されたものである。四基の霊屋・拝殿は同一形態・規模であり、特に霊屋・拝殿の縁石の形状・表面調整技法が共通し、調整痕（擦痕の形状）は一七世紀中～後半頃の特徴を示している。加えて、横一列に並ぶ四基の配置からみて最新の忠興墓を後から付け足したとは考えにくいことから、四つ御廟は同時に完成し、その時期は延宝四年頃である可能性が高いといえる。

以上より、二つの墓所、妙解寺墓所と泰勝寺墓所（四つ御廟）は異なる性格をもって成立したと評価できる。すなわち、前者は初代忠利とその子孫たる歴代藩主の墓所、後者は家祖藤孝・藩祖忠興とその室を祀り、顕彰するための墓所と位置付けられる。歴代藩主と戦国期において家を興隆した先祖との墓所をそれぞれに設けるというあり方は、五四万石の大藩に相応しい祭祀形態といえよう。

七　総括—九州における成立期近世大名墓の特徴—

近世大名家墓所成立の要因・画期は様々である。同時に、それらのいずれもが藩主の権威・正統性を主張し、藩内統制を図る装置の確立という視点で捉えることができる。

墓石形態に着目すると、まずは有角五輪塔・伊東塔など、在地性が高く、九州における特徴を示すものが挙げられる。ともに五輪塔をベースとしながら別の塔形が融合したものであり、戦国期からの系譜を辿ることができる。有角五輪塔は、五輪塔の荘厳化した形態と捉えられ、肥前を中心として有明海沿岸および玄海灘沿岸域において広く分布する。佐賀藩領内の藩主・当主墓は殆どがこの形態を採っている（図9）。伊東塔は日向南部の狭い地域に分布し、報恩寺伊東家墓所の他、佐土原藩天昌寺島津家墓所などに認められる。一方、新規の形態として特筆されるのが臨済宗黄檗派で用いられる寿塔形式である。新来の中国文化である黄檗派を近世大名が受容するなかで選択された形態と理解される。普明寺鍋島家墓所の他、佐賀小城支藩金粟寺鍋島家墓所、柳川藩福厳寺・霊明寺立花家墓所、小倉藩福聚寺小笠原家墓所などに認められる。これら黄檗派寺院の墓所が国元に多いのは九州の特徴であり、これは長崎に近く情報に接する機会が多かったことに起因すると考えられる。新規の形態として、いま一つ注目されるのが崇福寺黒田家墓所の笠付方柱塔である。顕彰碑という性格から選択され、禅僧の朝鮮半島における知見から発想されたものと理解される。石材については、瀬戸内系花崗岩製とみられる墓石の使用が注目される。これは、海上交通によってもたらされた情報から導入された形態（商品）と捉えられ、当該地域における活発な海運経済を反映するものである。同時に、在地には無い美しい色調の硬質石材の使用により、藩主家の権威を表現したものと捉えられる。大円寺五島家墓所の他では、佐土原藩高月院・大光寺島津家墓所、高鍋藩龍雲寺・安養寺・大龍寺秋月家墓所など、主に東九州において認められる。

図9　佐賀藩初代鍋島勝茂墓
典型的な有角五輪塔

霊屋は、建立そのものが近世大名墓成立の画期となるが、特に、藩祖廟を設け、祀る行為は大藩の権威表現と評価できる。その代表例は泰勝寺細川家墓所四つ御廟であり、同様の霊屋は久留米藩梅林寺有馬家墓所にも認められる。

上記のような近世化が遅れて表出する事例もある。平戸藩松浦家では雄香寺墓所における正徳三年(一七一三)没の五代棟墓の造立をもって近世化の画期とすることができる。単独の墓所空間を設け、開山堂たる廟(通称赤堂)に祀られたものである。それまでの藩主墓は、戦国期墓との差異が不明瞭であり、菩提寺・墓所も定まらなかったが、棟墓以降、雄香寺墓所に固定化する。棟は幕府奏者番兼寺社奉行を務め、国元では平戸城(亀岡城)を再建した人物であり、こうした事績が墓所に表現されたものと理解される。一方、人吉藩願成寺相良家墓所においては、元禄一六年(一七〇三)に没した三代頼喬墓の造立を近世化の画期とすることができる。墓所入り口の階段建造碑の年記銘から、現在の墓所景観の造成が頼喬墓の造立を契機として開始されたと考えられ、以降の藩主墓は単独の区画・基壇を有するようになる。一方、中世当主から二代藩主までの墓石・供養塔は整理され、共同基壇上に並べられている。こうした墓所の新造営、藩主墓の荘厳化は、一七世紀代の藩内抗争を受けた家譜『相良家譜序』の編纂と同様、藩内統制を意図した事業の一環と理解することができる(永井二〇一二)。

以上、九州における近世大名墓成立のあり方を概観すると、藩主家の出自や立藩当初の藩内事情が多少なりとも影響していることが看取される。鍋島家・伊東家などの地生え大名においては、戦国期～近世初期に成立した在地性の強い墓石形態(有角五輪塔・伊東塔)が踏襲される。本論では触れなかったが、同様のことは鹿児島藩福昌寺島津家墓所でも認められる。領内産出の山川石と称される凝灰岩製宝篋印塔を踏襲するもので、石材使用については藩の規制があったことが指摘されている(松田二〇一〇)。地生え大名でも明らかな血統の交代があった場合、新規の墓所造営・墓石選択が認められる。佐賀鹿島支藩鍋島家における黄檗派の受容による普明寺墓所の造営、寿塔形式の導入がその好例であり、同様のことは佐土原藩島津家における高月院墓所の新造営、伊東塔から瀬戸内系花崗岩製五輪塔のへの転換にも認められる。平戸藩・人吉藩の場合、地生え大名ゆえに、門葉や古くからの家臣団による権利主張や抗争が相対的に藩主権力を小さくしていったという事情があり、このことが近世化を遅らせた要因と考えられる。一方、黒田家・細川家など大藩の鉢植え大名では、墓石や基壇において新規の形態が採用されるとともに、墓の大規模化が図られ、大藩たる威容を示すものとなっている。

最後に、九州の特徴として付記しておきたいのは、キリシタン大名の近世初期における墓所のあり方である。当然のことながら、墓所を構成する要素においてキリスト教の影響を積極的に確認できるものは無い。ただし、キリシタンであり、さらに棄教を拒んだ福江藩五島家の戦国期当主純尭墓が大円寺の歴代墓所には無く、一基のみ丘陵を隔てた清浄寺に存在すること、大村藩本経寺墓所において、著名なキリシタンであった藩祖大村純忠墓が無いことなどは注目してよい事実である。なお、本経寺墓所は立地が特異である。長崎街道沿いにあって、笠付方柱塔や有角五輪塔などの巨大な「仏塔」が、あたかも往来に見せつけるかのように存在している。このことは、一般に膾炙されるように禁教期にあって棄教をアピールする意図と理解することができよう。

【註】

（１）被葬者は武雄市教育委員会「西の御霊屋・東の御霊屋配置図」による。

（２）豊臣秀吉所領安堵及び五島を初めて名乗った純玄を初代とする見方もある。

(3)永冶克行氏のご教示による。配列は被災前のものとは異なっているという。
(4)田中裕介氏のご教示による。

【引用・参考文献】

奥村　武　一九六九「黒田綱政のミイラ」『大塚薬報』二一八、大塚製薬株式会社
木村得玄　二〇〇七『初期黄檗派の僧たち』春秋社
木村　礎・磯野　保・村上　直編　一九八八『藩史大事典　第七巻』雄山閣出版株式会社
坂詰秀一監修　二〇一〇『考古調査ハンドブック四　近世大名墓要覧』株式会社ニューサイエンス社
鈴木　喬　一九七一「泰勝寺跡」『熊本市北部地区文化財調査報告書』熊本市教育委員会
鈴木　喬　一九七八「妙解寺跡」『熊本市中央南地区文化財調査報告書』熊本市教育委員会
長　正統　一九八五「景轍玄蘇」『国史大辞典五』吉川弘文館
永井孝宏　二〇一二「近世大名家の墓所経営」『肥後考古』一八、肥後考古学会
福岡市史編集委員会　二〇一三『新修　福岡市史　資料編近世一　領主と藩政』福岡市
福江市史編纂委員会編　一九九五『福江市史（上巻）』福江市
文化財保存計画協会　一九八八『県指定重要文化財　細川家霊廟及び門保存修理工事報告書』熊本市
眞鳥松雄　一九八六　自費出版
松田朝由　二〇一〇「薩摩藩島津家墓所における墓塔の展開」『立正大学考古学フォーラム　近世大名家墓所調査の現状と課題』立正大学考古学会・立正大学考古学研究会・石造文化財調査研究所
三木隆行　二〇一一「福岡市指定史跡　福岡藩主黒田家墓所について」『第二回大名墓研究会発表資料』大名墓研究会
宮崎県教育委員会　一九八四『宮崎学園都市遺跡発掘調査報告書第一集　山内石塔群』

※他、各自治体・観光協会発行の文化財パンフレット、寺院発行のリーフレット、現地における案内板を参照している。

中四国

乗岡　実

一　戦国大名の墓

一五世紀の一般墓地は、備前焼を骨臓器や棺とする火葬墓・土葬墓で小規模な石塔・石組みを地上に伴うものなど、事例は数多いが、一六世紀のものは確認例が乏しく実態は不詳である。戦国期の大名の墓についても不詳なことが多いが、大名個人の名を冠して称される墓は各地に点在する。被葬者比定の信憑性は様々であるが、たいてい高さ二メートルを越えない石塔で、宝篋印塔が目につく。石塔に限って言えば、同時期の国人・土豪の墓石・供養塔とされるものと規模・内容とも大差ない場合が多い。

出雲の尼子氏では、永禄三年（一五六〇）に亡くなった尼子晴久墓とされるのは同国産凝灰岩である来待石《きまちいし》製の宝篋印塔で、居城であった富田城（島根県安来市）の南麓にある。天文一〇年（一五四一）に亡くなった尼子経久の墓とされる近隣の洞光寺にある石塔も宝篋印塔である。長門では享禄元年（一五二八）に亡くなった大内義興の墓とされる宝篋印塔が凌雲寺跡（山口県山口市）に残る。凌雲寺は義興の菩提寺で、大名個人の菩提寺が石垣を構築するなどして大掛かりに造営され、境内に石塔を伴った墳墓が営まれるという、後述の安芸の吉川氏万徳院に近似したあり方が、守護大名大内氏においては、一六世紀前葉に既に行なわれていた可能性が窺える。天文二〇（一五五一）に亡くなった大内義隆の墓とされる宝篋印塔は大寧寺（山口県長門市）にある。

安芸の毛利氏は、火葬場＝灰塚についての伝承が色濃く残り、埋葬地に石塔を伴わないことと合せて特徴的に思える。元亀二年（一五七一）に亡くなった中国の覇者、毛利元就は居城である郡山城（広島県安芸高田市吉田町）の麓に火葬場跡が知られ、隣接する埋葬地には墓標としてハリイブキの木が植えられたという。その地は天正元年（一五七三）に孫の輝元が菩提を弔うために臨済宗洞春寺を建立し、後に墓前で広島藩主浅野吉長が石灯籠を奉献するなどしたが、毛利氏歴代墓所が現在のように整備されるのは明治になってからである。元就の子で、永禄六年（一五六三）に亡くなった毛利隆元は客死地（安芸高田市高宮町）に火葬場跡が知られ、埋葬地として本拠地の郡山の常永寺跡に土饅頭が残るが、少なくとも石碑は後世のものとみられる。土佐では文明一二年（一四八〇）に亡くなった一条教房の墓は居城の中村城（高知県四万十市）の麓にあったが、現墓石は明治に作られた五輪塔である。

二　織豊期の大名の墓

移封を受けて転出したり、関ヶ原合戦で家が断絶したり、江戸開幕後に亡くなった者が多いことも手伝って、織豊期の大名の墓は実態不明な例が多い。備前では、天正九年（一五八一）に居城の岡山城（岡山市北区）で亡くなった宇喜多直家は城下の天台宗平福院に埋葬されて霊廟を伴い、内部に置かれていたという直家木像が戦前まで現存した。慶長七年（一六〇二）に岡山で急死し火葬された小早川秀秋は、城下の日蓮宗瑞雲寺に埋葬されたという。今の本堂は江戸後期に建替えを受けているが、脇仏壇には専用の切石製基壇が設けられ、秀秋の墓塔として五輪塔が祀られている。本来の姿は、埋葬の上部構造として石塔があり、それを屋内に取り込む霊廟が建てられ、秀秋木像などが安置されていた可能性が強い。京都本圀寺の瑞雲院も秀秋の菩提寺で納骨があったらしい。

秀秋と実の血縁はないが、義父で慶長二年（一五九七）に安芸の三原城で亡くなった小早川隆景は、同氏の故地でもある三原の天台宗米山寺に墓がある。高さ一・七五メートルの宝篋印塔で、元応元年（一三一九）銘のものを含む宝篋印塔二〇基が整然と並ぶ歴代墓地の中にある。隆景に至る先行当主の石塔は、隆景のものと同大同形のものが多い。墓地が今の形に整備されるのは江戸時代に入ってからとみられ、参勤交代の節に隆景と縁深い家柄である毛利家の当主が立ち寄ることもあったという。隆景の供養塔は京都大徳寺黄梅院、長門の泰雲寺（山口県山口市）、領国筑前の宗生寺（福岡県宗像市）、高野山にもある。特に宗生寺の石塔は高さ二・六メートルの大形宝篋印塔である。

天正一四年（一五八六）年に大坂で亡くなった蜂須賀勝正は同地に埋葬されたが、領国の徳島城下にも供養塔が建てられ、江戸時代の蜂須賀家歴代墓がある臨済宗興源寺（徳島県徳島市）に普通大の砂岩製五輪塔が移された。慶長四年（一五九九）に伏見で亡くなった長曾我部元親は天龍寺で火葬の後に領国土佐の天甫寺（高知県高知市）に埋葬されたが、その墓塔とされる宝篋印塔も普通大である。

三　成立期の大名墓の実例

(一)　吉川元長墓がある万徳院―天正期―（図1・2）

毛利氏の一翼を担う元春以降の吉川氏は独立大名と言えない側面もあるが、墓は大名に匹敵する。元長の菩提寺万徳院（広島県北広島町）は史跡整備に伴って広範に発掘調査が行なわれた（小都二〇〇〇）。

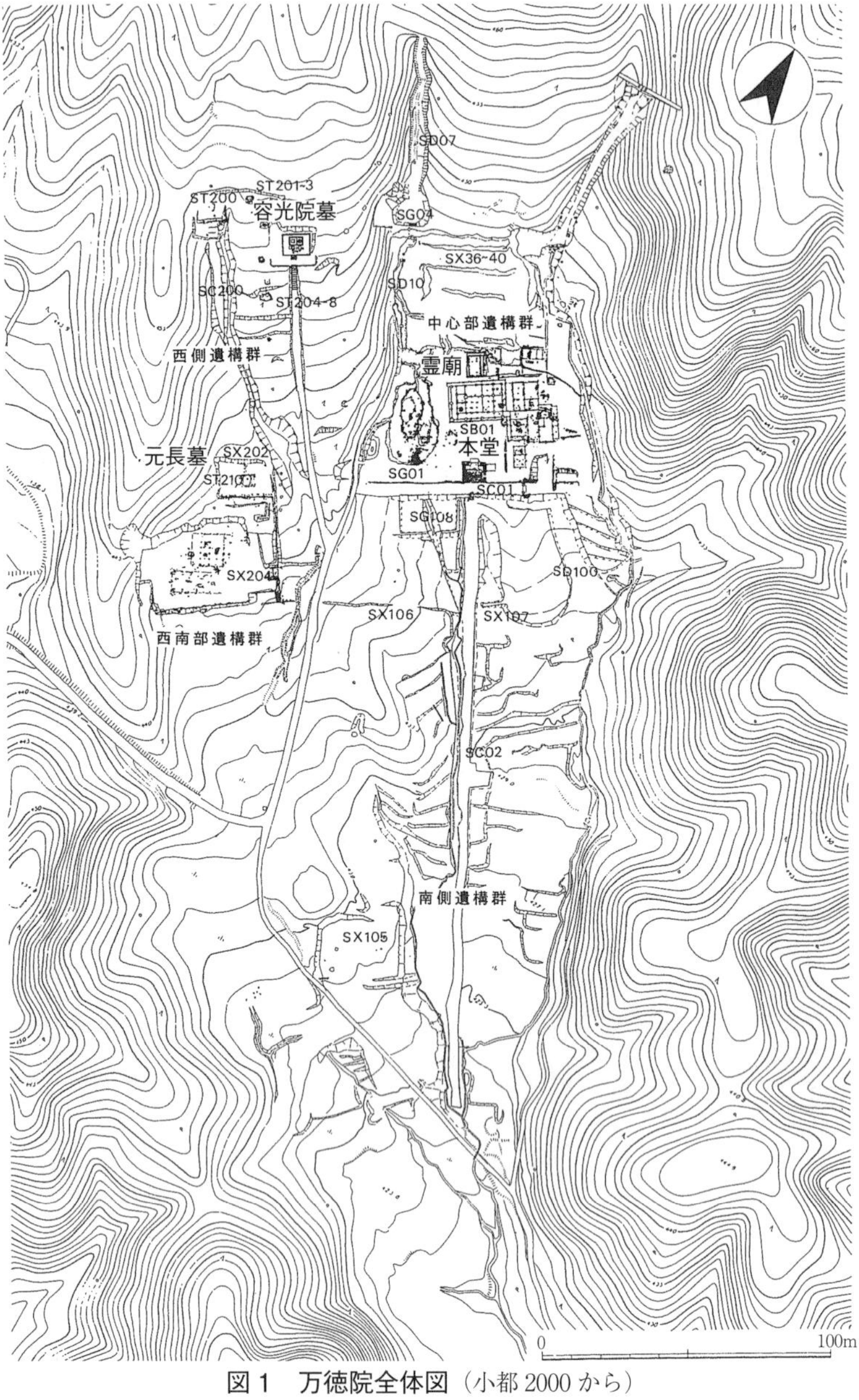

図１　万徳院全体図（小都 2000 から）

禅宗様式の寺で、元長による天正二年（一五七四）の創建時は本堂と庫裏だけであった。一定間隔に立石を配す石垣を築くなどして寺域が拡大するのは天正一五年（一五八七）に元長が亡くなり、吉川広家が先代の廟所・墓所として整備した段階である。東西約一七メートル、南北一一メートルの礎石建ての本堂の背後に、東西約四メートル、南北約七メートルの土壁造りの霊廟もしくは開山堂とみられる建物が付加され、本堂の西には泉水を含む庭園が造られた。元長墳墓とみられる遺構は、寺石垣の西側延長線上に計画的に配置され、東西一八メートル、南北一一メートルの区画内にある南北一辺四・五メートルの方形石積基壇である。内部の発掘には至っていない。南隣には二棟以上の礎石建物を伴う。また、元長墓から約八〇メートル上方には広家の妻で天正一九年（一五九一）に亡くなった容光院の墳墓とみられる区画があり、当寺を吉川家墓所として整備しようとした意図が窺える。

なお、天正一四年（一五八六）に九州で亡くなった吉川元春は、本拠地の吉川元春館（北広島町）の裏手に埋葬されたが、同地は江戸後期に修復を受け、さらに現況は明治後期に整備された結果である。また、吉川広家は万徳院造営後まもなく出雲に転出、さらに周防へ移封され、寛永二年（一六二五）に亡くなって任地の岩国の洞泉寺に埋葬され、同地は吉川家歴代墓地として整備されていく。

図2　万徳院跡（吉川元長墓は左手の林の中）

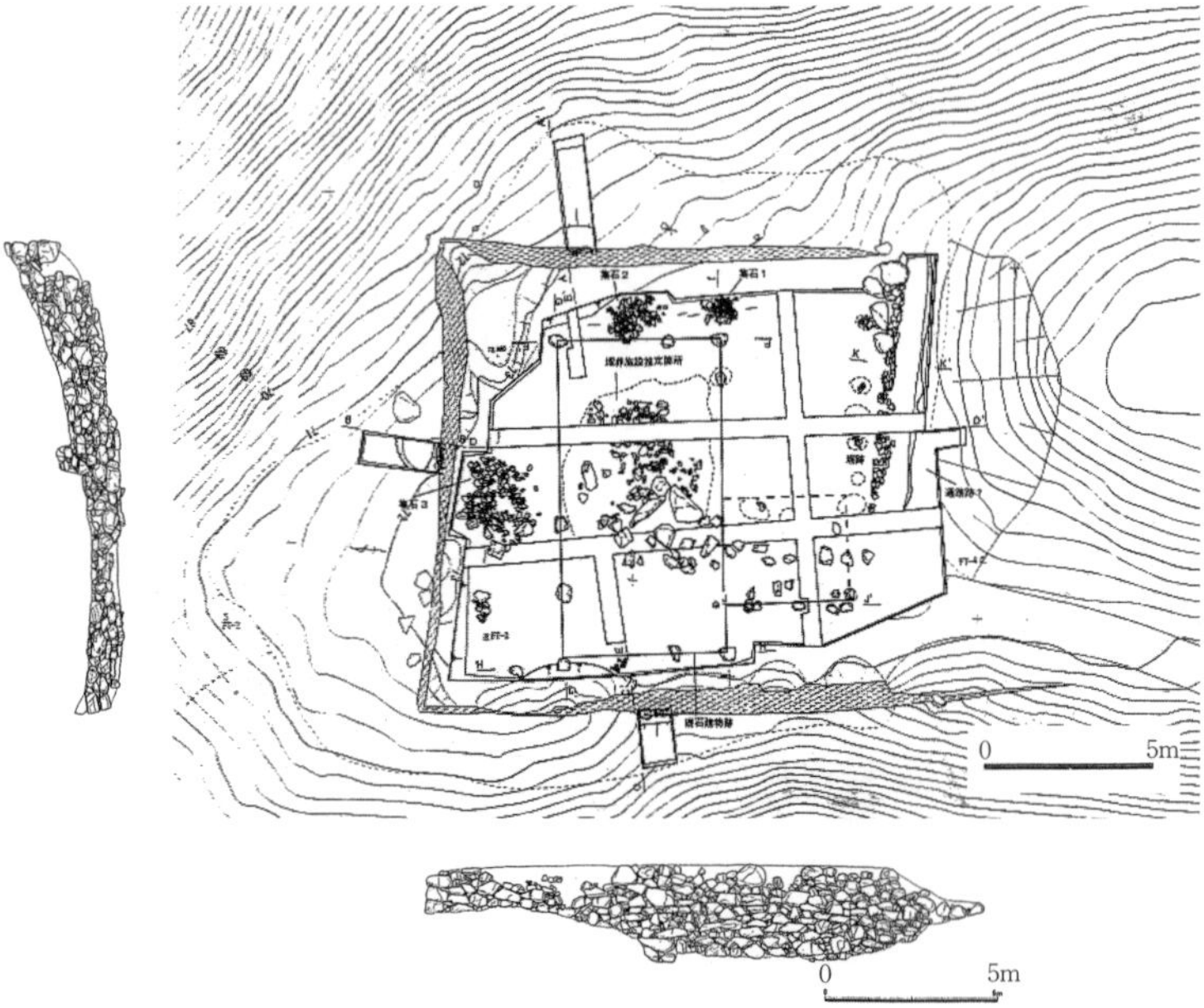

図３　伝堀尾忠氏墓所の遺構平面と石垣立面（舟木 2011 から作成）

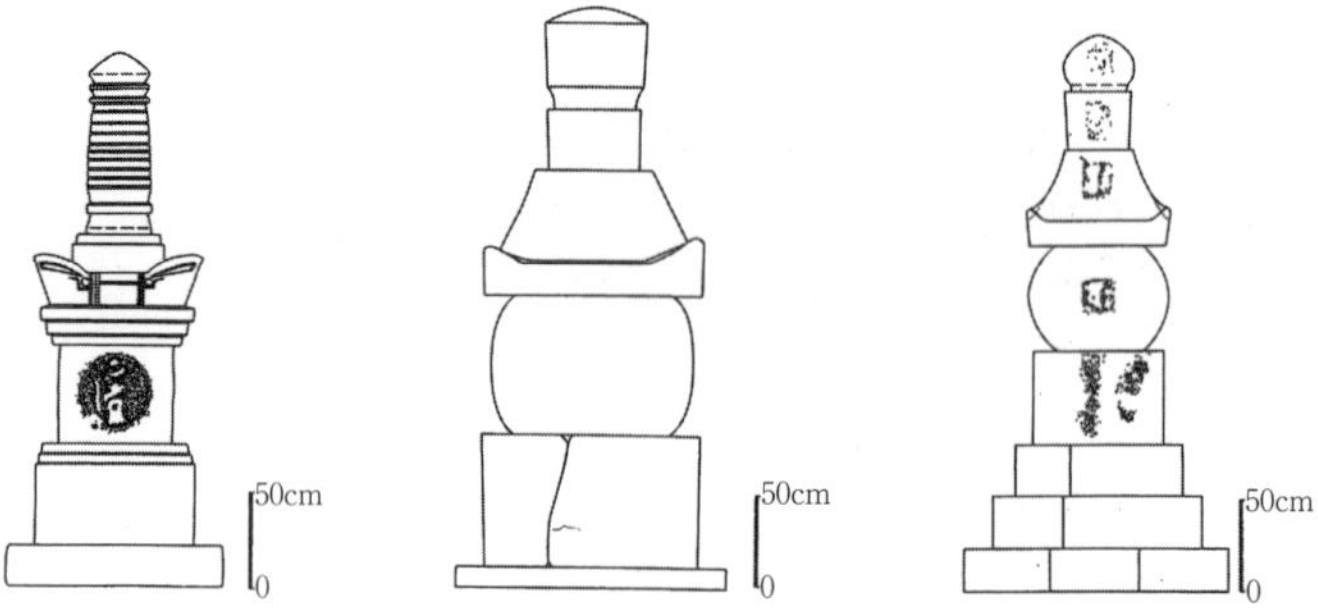

伝堀尾忠氏石塔
（松江市玉湯町報恩寺）

堀尾吉晴石塔
（安来市巌倉寺）

堀尾忠晴石塔
（松江市圓成寺）

図４　堀尾忠氏・吉晴・忠晴の墓塔（稲田 2011 から）

(二) 堀尾吉晴・忠氏墓―慶長期―（図3・4）

堀尾家は関ヶ原合戦後に出雲に移封された国持ち大名である。慶長九年（一六〇四）に亡くなった忠氏の墓所は、居城である富田城（島根県安来市）の麓の忠光寺にあったと伝わり、その遺構とみられる場所が発掘調査された（舟木二〇一二）。そこでは、扁平な尾根上に約一二メートル四方の平坦地が造成され、三辺を現在高二・八メートルの花崗岩自然石による石垣で画している。残る一辺の尾根側では土塀基礎とみられる石列と控柱跡とみられるピットが検出された。区画内では入口ないし向拝《こうはい》のような張り出し部が付く南北約九メートル、東西約四・八メートルの礎石建物があり、その中央で集石を伴う直径約四・五メートルの落ち込みが確認された。忠氏がここに葬られ、直上に霊廟が建てられた可能性が強い。各少量であるが慶長期で矛盾ない瓦、肥前陶器、土師質小皿が出土した。

堀尾氏関連の墓石・供養塔については調査が進んでいる（稲田二〇一一）。同国内の報恩寺（松江市玉湯町）には忠氏供養塔とされる高さ二・五五メートルの来待石製宝篋印塔がある。忠氏の父で慶長一六年（一六一一）に亡くなった堀尾吉晴墓は富田城の麓の真言宗巌倉寺にあり、墓塔は高さ三・〇二メートルの来待石製五輪塔である。寛永一〇年（一六三三）に亡くなった忠晴は江戸で埋葬されたが、居城松江城下の圓成寺（島根県松江市）に分骨され、高さ二・一六メートルの来待石製五輪塔が建つ。吉晴・忠氏・忠晴の供養塔は京都妙心寺春光院にもあり、いずれも領国産の来待石製である。

(三) 池田忠継・忠雄墓―慶長末～寛永期―（図5）

両名は池田輝政と徳川家康の娘である富子（良正院）の間に生まれた兄弟で、相次いで備前を領地とする国持ち大名となり、埋葬墓は岡山城下の臨済宗・清泰院に営まれた。戦後の区画整理事業で同寺が

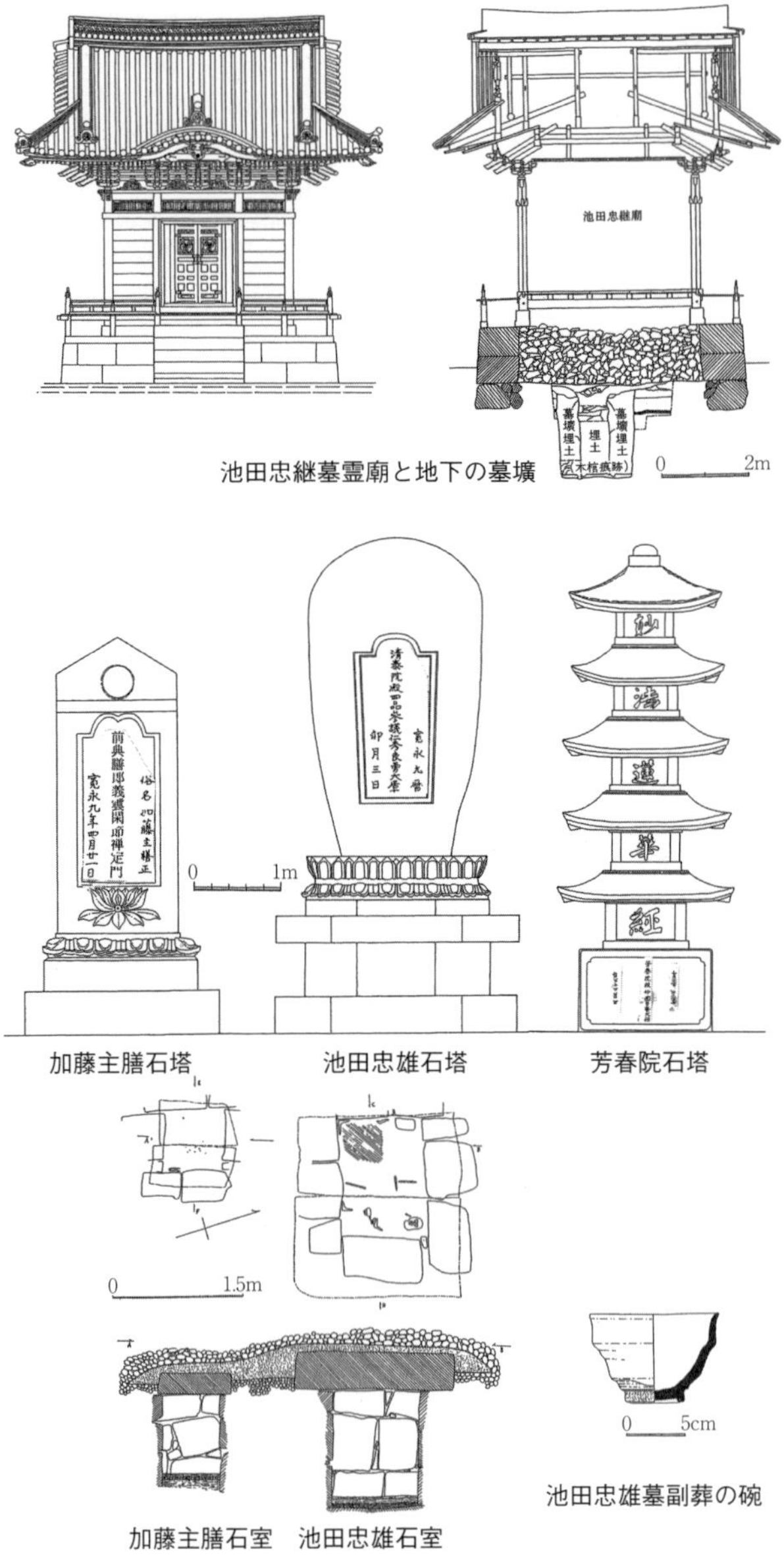

図５　池田忠継墓・忠雄墓（岡山市教育委員会 1964・1983・1694 から作成）

現在地に移転の際に発掘調査が行なわれた（岡山市教育委員会一九六四・八三・九六）。

元和元年（一六一五）に造営された忠継墓の上部構造は木造霊廟である。桁行三間・梁行三間、入母屋造平入・軒唐破風付で、元は桧皮葺きで一七世紀後半に瓦葺になった。内部に忠継木像を安置する。建物基壇は東西六・二五メートル、南北五・一五メートルの花崗岩切石積みで、その直下の墓壙は直径一・六メートル、深さ二メートルの円筒形の素掘りである。棺は直径〇・六五メートルの円筒形の白木座棺とみられ、棺の底敷に一辺〇・八メートルの正方形木枠を伴う。棺内で人骨・歯牙片のほか小釘、遺体固定用とみられる床几《しょうぎ》の金具が出土したが、副葬品は銅銭二十数枚だけである。

寛永九年（一六三二）に造営された忠雄墓は正面に唐門を配する区画の中央に建ち、向かって右に忠雄の夫人である芳春院、左手に忠雄に殉死した加藤主膳の墓塔が並ぶ。忠雄墓の上部構造は、犬島産（岡山市東区犬島）とみられる花崗岩製、総高五・五四メートルの巨大な無縫塔で、基壇・竿・中台・請花は平面八角形で、全体を複数の石材で組み立てているが、本体部分は巨大な一石で圧巻である。主膳の墓塔は高さ四・四四メートルの位牌形で、台には蓮華を陽刻している。芳春院の塔は総高五・四五メートルの豊島《てしま》石製の五重塔で日蓮宗の題目を記している。この石塔は岡山城下の日蓮宗妙応寺にあった供養塔で、寛文七年（一六六七）に忠雄墓横に移築されたと伝わり、現に埋葬施設は確認されなかった。忠雄墓の埋葬施設は、内法の長さ一・三五メートル、幅一・〇〇メートル、高さ一・三五メートルの花崗岩切石を三段に積んだ石室である。石室内からは、棺締結用の鉄釘一〇本・金具三十数点、人骨・歯の破片、水銀少量が出土したが、明確な副葬品は瀬戸美濃産の白天目茶碗一点だけである。棺構造は金具の評価などから駕籠状のものが想定されている。主膳の石室は内法〇・七〇メートル四方、高さ〇・九五メートルで、副葬品として和挟一点が出土した。構築の手順は忠雄墓と明らかに同時性をもつ。忠雄墓の前方には忠雄の乳母が寄進した鉄灯籠が配置されている。

四　近世大名墓の成立

一七世紀前半の大名墓に備わる特徴について、その成立過程を展望してまとめとしておきたい（図6）。

第一点は大名家の墓所の成立である。古い大名墓は単独墓ないし一代墓の傾向が強かったのに対し、慶長八年（一六〇三）の江戸開幕以降では、領国における藩祖や当該代の大名墓の所在地に続く代の大名墓が追加造営され、時に先代の墓が移築されるなどして、大名家の歴代墓地として整備されていく傾向が強い。これは各大名家の祖先顕彰の風潮にも繋がる。当初での計画性は不祥な場合も多く結果論としての側面もあるが、慶長一〇年（一六〇五）の山内一豊墓の造営を契機とする土佐の真如寺山墓所が最も早い例であり、寛永二年（一六二五）の吉川広家墓を契機とする周防の岩国洞泉寺墓所、寛永九年（一六三二）の浅野長晟墓を契機とする安芸の広島国泰寺墓所、寛永一五年（一六三九）の蜂須賀家政墓を契機とする阿波の徳島興源寺墓所、埋葬墓ではないが寛永一六年（一六三九）の森忠政霊廟建設を契機とする美作の津山本源寺墓所、慶安四年（一六五一）の水野勝成墓を契機とする備後の福山賢忠寺墓所、慶安四年の毛利秀就墓を契機とする長門の萩大照院墓所、万治元年（一六五八）の伊達秀宗を契機とする伊予の宇和島伊達家墓所などがある。池田忠継墓と池田忠雄墓がある備前の清泰院墓所も準じるかも知れない。こうした歴代墓所は確実なものとしては織豊期に遡らないが、安芸の吉川氏万徳院に萌芽が読み取れる。三原の小早川隆景墓は一族墓として注目されるが、墓所としての整備年代の検討が必要であるし、隆景を最後とする墓所であって後の代に続かない。

大名と夫人の墓を並べて造営するか否かは大名毎に様々で、現状で並ぶ場合でも、備前の清泰院池田

1. 小早川隆景墓（右端、慶長2・175cm）

2. 池田忠継墓霊廟（慶長20・810cm）

3. 堀尾吉晴墓（慶長16・302cm）

4. 毛利輝元墓（寛永2・210cm）

5. 池田忠雄墓（寛永9・554cm）

6. 毛利秀就墓（慶安4・450cm）

7. 水野勝成墓（慶安4・510cm）

8. 蜂須賀忠英墓（慶安5・420cm）

図6　17世紀前半を中心とした大名墓

忠雄墓、長門の萩天樹院毛利輝元墓など後に配置された例も多いが、美作の森家本源寺墓所、長門の毛利家大照院墓所など一七世紀中葉には一部大名家で一般化するようである。古い例としては慶長一四年（一六〇九）に造立されたほぼ同形同大の五輪塔が並立する、讃岐の高松弘憲寺の生駒親正夫妻墓（口絵）が注目される。殉死者を同じ敷地に埋葬する例は、毛利輝元の長井元房墓、池田忠雄の加藤主膳墓のほか、一七世紀中葉の萩大照院墓所・福山水野家墓所などがあるが、加藤主膳墓は破格である。

第二点は墓の立地である。織豊期から一七世紀中葉までは居城隣接地・城下町内の平地が多いのに対し、以降は城下町近郊や丘陵地が目立ってくる。近接丘陵に墓地を営むのは慶長一〇年（一六〇五）の土佐の山内一豊墓の真如寺山が古い例である。また、江戸開幕以降は、領国・京・江戸、高野山・その他の由縁地など、複数地に埋葬墓・供養墓・菩提寺が設定される例が増大するが、その先駆は蜂須賀勝正や小早川隆景など織豊期の一部大名に確認できる。さらに、江戸開幕以降は出雲の堀尾忠氏、讃岐の生駒親正のように領国内の複数地に墓や供養塔が造立される例も出現する。

第三点は墓の形式変化である。埋葬施設上に石塔を建てるものは各期ともあるが、上級大名の戦国期からの流れは、菩提寺内霊廟＋境内墳墓（石塔）→埋葬施設上に霊廟建築→埋葬施設上に基壇式石塔（野外式）となる。埋葬上霊廟を採用したとみられるのは、宇喜多直家墓（造営主体は秀家）、小早川秀秋墓［屋内五輪塔］など織豊期では秀吉に近い大名である。江戸初期では堀尾忠氏墓、池田忠継墓のほか、讃岐の高松法泉寺の慶長一五年（一六一〇）に亡くなった生駒一正墓［屋内五輪塔］にも可能性がある。

葬法では、毛利家では戦国期から火葬であるのに対し、一七世紀中葉でも池田忠雄などは土葬で、大名によって偏差がある。一七世紀前半までは確実な儒式の大名墓はない。

第四点は石塔の種類とその統一化である。一七世紀第４四半期からの伊予今治久松家墓所のように歴代宝篋印塔を建てる大名もあるが、戦国期から一七世紀前半にかけての有力大名墓は、宝篋印塔優位から五輪塔優位に推移する。五輪塔は慶長年間から目立ちだし、備前の小早川秀秋墓、讃岐の生駒親正墓・一正墓、出雲の堀尾吉晴墓、長門の毛利輝元墓などの例がある。また一七世紀前〜中葉では山内一豊墓、池田忠雄墓、蜂須賀忠英墓のように無縫塔も散見できる。一七世紀前葉では、大名の代によって墓の形式や石塔の種類が変わる場合や、一時的に簡素なものや特別な形態をとる例もあるが、各大名家の歴代墓地の成立とあいまって、以後は定型的なものが各代反復されることが一般化する。

第五点は石塔の巨大化、大名墓の荘厳化、つまり視覚演出が顕著になることである。織豊期までの墓塔は二メートルを越えることは殆んどなく、先述の筑前宗生寺の小早川隆景供養塔が注目される程度である。しかし慶長一〇年代になると、土佐真如寺山の山内一豊墓などは二メートル足らずの一方、出雲の堀尾吉晴墓（三・〇二メートル）や讃岐の弘憲寺の生駒親正墓（三・〇九メートル）など三メートルを越えるものが出現する。さらに寛永から慶安年間にかけては、備前の清泰院池田忠雄墓（五・五四メートル）、美作の本源寺森忠政供養塔（五・一五メートル）、備後の賢忠寺水野勝成墓（五・一メートル）、阿波の興源寺蜂須賀忠永墓（四・二メートル）など巨大化に拍車が掛り、五メートル越えを果たす。

墓の視覚演出は、個別石塔の大形化に加えて、そうした石塔が林立する大名歴代墓地の形成、またその石塔の種類や大きさの世代を跨ぐ統一化と一族内での階層化、家臣や一族によって奉献された灯籠・花立・手水鉢類の林立と定式化などとあいまって、一七世紀中葉以降急速に進展するといえる。

なお、池田忠継墓・忠雄墓と同じく埋葬主体の発掘調査が行なわれた備後の水野勝成墓では、石塔基壇内に納められた火葬骨蔵器は瀬戸美濃製の四耳壺で、副葬品は肥前磁器の茶碗と皿、土師質土器、慶長丁銀だけで、やはり巨大な外観とは裏腹に簡素なものであった（是光一九七五ほか）。

【引用・参考文献】

稲田　信　二〇一一「松江藩主堀尾一族の墓石塔について」『第三回大名墓研究会　大名墓を読み解く』大名墓研究会、財団法人史跡鳥取藩主池田家墓所保存会
岡山市教育委員会　一九六四『池田忠雄墓所調査報告書』
岡山市教育委員会　一九八三『岡山市有形文化財資料集成』
岡山市教育委員会　一九九六『岡山市の近世寺社建築』
小都　隆　二〇〇〇「発掘調査から見た万徳院の変遷」『万徳院の研究』広島県教育委員会
是光吉基　一九七五「中国・四国」『仏教考古学講座』第七巻　墳墓　雄山閣
中井　均　二〇一三「近世大名墓の形成」『近世大名墓の世界』別冊季刊考古学20、雄山閣
舟木　聡　二〇一一「松江藩主堀尾忠氏墓所の調査」『第三回大名墓研究会　大名墓を読み解く』大名墓研究会、財団法人史跡鳥取藩主池田家墓所保存会

地域における近世大名墓の成立3

東海

松井一明

はじめに

東海地域は三重県・岐阜県・愛知県・静岡県の四県が対象で、愛知県における徳川御三家筆頭の尾張徳川家墓所をはじめとし、その他大小様々な近世大名の墓がある。また近世大名墓は、領地内にあるもの、前領地内にあるもの、出身地にあるものなど多様である。こうした近世大名墓の開始時期と墓塔の型式を検討し、東海地域で近世大名墓がどのように成立したのか紹介したい。さらに、近世大名墓が成立する以前、中世墓が近世墓へと継続するのかしないのか、また戦国・織豊大名の墓所の様相についても紹介し、近世大名墓の成立に関係していたのか検討したい。

一　中世墓の終焉

東海地域の中世墓の代表的な事例をあげると、静岡県磐田市一の谷中世墓、愛知県一宮市法園寺中世墓、三重県鈴鹿市椎木山中世墓があり（松井二〇〇九）、これらの中世墓の終焉状況を検討したい。

一の谷中世墓では、一二世紀後葉～一三世紀は塚墓、集石墓、土坑墓など土葬墓と火葬墓が混在していたが、一四世紀になると火葬の集石墓のみが造墓されるようになる。さらに一五世紀後葉になると瀬戸産・常滑産の陶器製蔵骨器が激減し、集石墓の方形区画が崩れ、少量の火葬骨が埋葬される五輪塔や宝篋印塔など地元砂岩製の小型石塔墓が主流となる（図1）。終末時期は一六世紀後葉、前段階の集石墓のうえに一石五輪塔をたてるようになり近世墓は存在しない。江戸時代初期の年号が刻まれた墓塔は、見付宿内にある寺院内墓地に安山岩製（伊豆石）舟形墓塔が多数存在するため、中世墓地から近世墓地に至る過程には大きな断絶があったことが確認できる。なお、江戸時代初頭の墓塔造立者も宿の支配者層の一族である。

法圓寺中世墓でも一二世紀末葉～一三世紀は蔵骨器を伴う集石墓、一四世紀には方形区画が崩れた集石墓に石塔がたてられるようになり、一五～一六世紀には集石を伴わない石塔墓に変遷する。地元の土豪である野田氏一族の集団墓地と考えられ、こちらも江戸時代には継続しない。

椎木山中世墓も一二世紀末葉～一五世紀には蔵骨器を伴う集石墓、一六世紀には前代の集石墓の上に石塔をたてる石塔墓に変遷し、江戸時代まで継続しない。

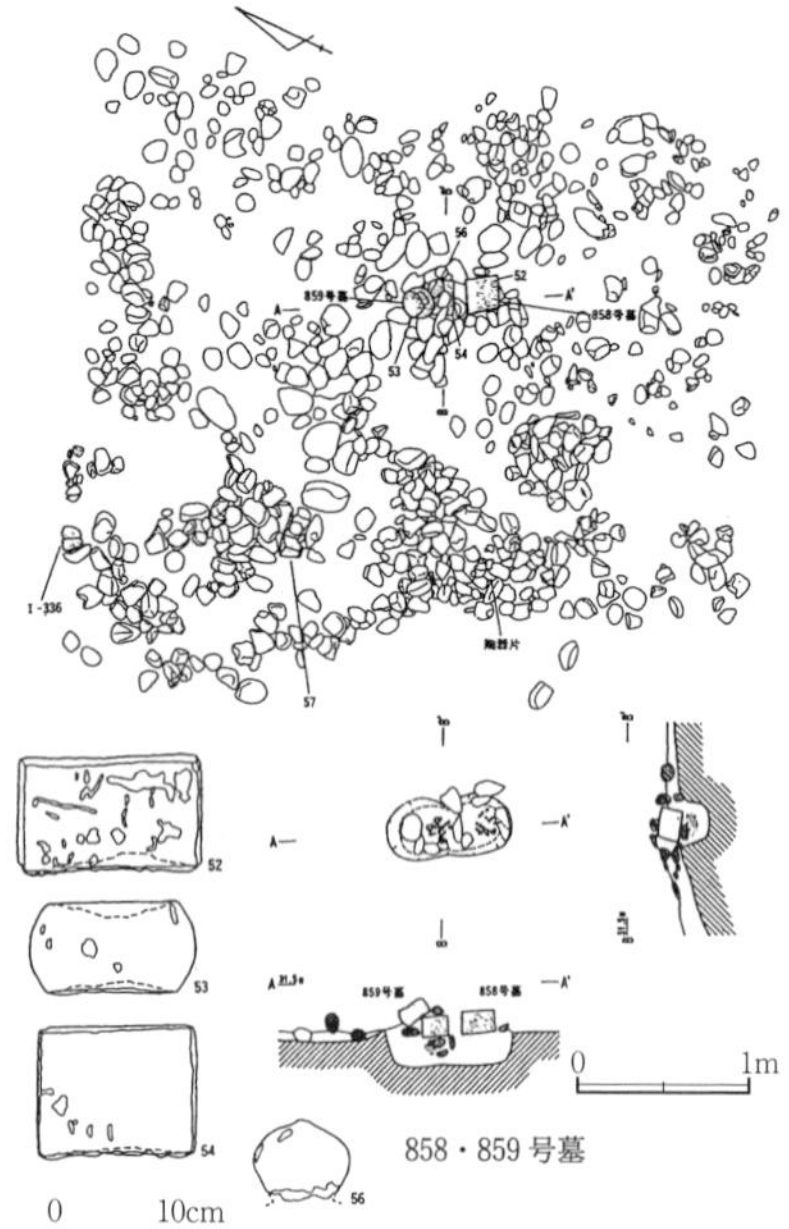

図1　一の谷中世墓（石塔墓）
（松井 2009 より引用）

以上のように法圓寺中世墓や椎木山中世墓のような地域の土豪、一の谷中世墓のように中世に栄えた見付宿の支配者層の集団墓地でも、江戸時代には継続せず大きな断絶があったことがわかる。その原因は戦国時代の支配者層の入れ替わりや、墓に対する用途や目的の大きな変化があったと思われる。つぎに、戦国・織豊大名の墓も中世墓の終焉と連動するのか考えてみたい。

二　戦国・織豊大名の墓

東海地域で戦国・織豊大名の墓を語れる事例はさほど多くないので、駿河国守護であった今川氏のうち氏親・氏輝の墓所、三重県の九鬼一族の墓について紹介したい。

今川氏が戦国大名となったのは氏親の代からといわれている。氏親は大永六年（一五二六）に亡くなり、盛大な葬儀が静岡市増善寺で執り行われた記録がある。氏親の墓所は増善寺裏山墓地の最奥にあり、覆屋の中に地元駿河産砂岩製五輪塔三基が納められ、中央が氏親塔と伝えられる。墓塔は高さ一メートル前後で、戦国時代の五輪塔とは少々異なる形態で、江戸時代に入ってからの造塔は確実ではあるが、戦国時代の五輪塔の系譜を引くもので、石材も戦国時代の中世石塔と同じものを使用していることに注目したい（図2）。

氏親の跡継ぎ氏輝（天文五年〈一五三六〉没）の墓所は、静岡市臨

図3　臨済寺今川氏輝墓塔

図2　増善寺今川氏親（中央）墓塔
（溝口彰啓氏提供）

済寺にある。氏輝の墓所も墓地最上部にあり、氏親と同様に高さ一メートル前後になる地元駿河産砂岩製で、戦国時代からの系譜を引く五輪塔が祀られている（図3）。よって、氏輝墓所も氏親墓所とほぼ同じ江戸時代初期に造塔されたのであろう。このように、石塔の型式から推測すると、氏親・氏輝墓所が、江戸時代初期まで維持されていたとは思えない。つまり、当初の氏親・氏輝の墓は、規模の小さな木造の御霊屋や小型石塔であり、今川氏没落後は維持管理ができなくなり荒廃していたため、江戸時代初期新たに整備しなおしたと推測される。

九鬼氏は嘉隆の代に織田信長と豊臣秀吉に仕え、戦国大名から織豊大名へと立身出世した一族である。九鬼氏は初め志摩波切城主としての一土豪勢力であった。志摩市大王町に波切城があり、近くの仙遊寺に初代隆良より定隆までの五代の墓塔が祀られている。高さ一メートルに満たない小型の砂岩製五輪塔五基が整然と並んでおり、この配置は近世のある段階で整備されたと思われる（図4）。後刻の可能性はあるが、その内の二基の地輪に没年が刻まれている。この墓塔群の五輪塔の型式は、一五世紀後葉〜一六世紀前葉の時期になるもので、同地域の戦国時代の地元土豪クラスの石塔群と区別することは難しい。

関ヶ原合戦の時に西軍に属した九鬼嘉隆は家督を譲った東軍の嫡子守隆と争うが、合戦終了後の慶長五年（一六〇〇）に切腹した。嘉隆の墓は守隆が慶長五年に造塔したと地輪に銘のある、高さ一メート

図4　仙遊寺波切九鬼氏墓塔群

図5　九鬼嘉隆五輪塔
（鳥羽市教育委員会提供）

ル前後になる花崗岩製五輪塔が鳥羽市答志町にある（鳥羽市教育委員会二〇一一）。この塔は孫の隆李が補修したともいわれるが、オリジナルの火輪の形態から見ると戦国時代の五輪塔の系譜を引いている。つまり、織豊大名である嘉隆の五輪塔は、戦国時代の系譜を引く墓塔であることがわかる（図5）。

三　成立期の近世大名墓の事例検討

東海地域のすべての成立期の近世大名墓の紹介はできないので、この地域を代表する近世大名墓として静岡県掛川市撰要寺横須賀藩主墓所、愛知県尾張徳川家墓所のうち瀬戸市定光寺徳川義直墓所、名古屋市建中寺徳川光友墓所、愛知県幸田町島原藩主深溝松平家墓所、同西尾市備中松山藩主板倉家墓所、岐阜県恵那市岩村藩主墓所、三重県津市津藩主藤堂家墓所を紹介したい。

横須賀藩主墓所　撰要寺の横須賀藩主の墓は初代大須賀康高、二代忠政の墓塔と、岡崎藩から移封となった本多家墓所が存在する（大須賀町教育委員会一九八一）。初代大須賀康高と二代忠政の墓塔は、所謂伊豆石と呼ばれる安山岩製の同形、同規模の宝篋印塔である（図6）。康高の天正一六年（一五八八）と、京都伏見で亡くなった忠政の慶長一二年（一六〇七）の没年が基礎に刻まれている。なお、忠政の子忠次は、跡継ぎのいない榊原家の養子となり大須賀家は途絶えた。両石塔とも同じ型式で、江戸時代初期というよりやや時代の降る型式のため、一七世紀の前葉、たとえば館林藩主となった忠次が、寛永一二年（一六四〇）忠政の三三回忌にあたり（横須賀藩主井上正利の時）、祖父康高と共に供養塔を大須賀家先祖の地にたてたのではな

図6　撰要寺大須賀康高（奥）・忠政（手前）墓塔

いかと推測している。

本多家の墓所には岡崎藩初代藩主で慶長一六年（一六一一）に没した本多康重、同二代藩主で元和九年（一六二三）に没した康紀、同三代藩主で正保二年（一六四五）に没した忠利の墓がある（巻頭口絵）。いずれも没年が刻まれている五輪塔で、康重と康紀塔の基礎には仏像の蓮花座を模したものが採用されている。忠利塔は基礎に本多家の家紋である立葵が刻まれ、康重塔とは火輪の形態が異なり、軒の外側のそりに屈曲のある特徴は、康紀塔と忠利塔は共通するため、型式的には没年通り康重から康紀、忠利の順に時期差がありそうである。石材はいずれも岡崎産花崗岩である。正保二年（一六四五）大須賀藩主となった忠利の六男利長が、岡崎の地から移したといわれている。石塔の石材も遠江の大名墓の多くが安山岩（伊豆石）製であることから見ても、信頼できる伝承と思われる。そうすると、康重塔が慶長一六年の没年に近い造塔時期ならば、東海地域最古級の近世大名の墓塔となる。

深溝松平家墓所・板倉家墓所　深溝松平家墓所は三河国の幸田町本光寺、板倉家墓所は西尾市長圓寺に所在する。両大名は姻戚関係にあり、藩の領地ではなくて出身地で継続的に墓所を設けるなど類似したタイプの近世大名墓であるため、比較しながら紹介したい。

深溝松平氏墓所は西御廟所と東御廟所に分けられる。西御廟所には戦国時代の大名であった初代忠定より四代家忠までの板状の自然石で造られた供養塔四基が並んであり、さらに吉田藩主の五代忠利（寛永九年〈一六三二〉没）の木像が安置されている肖影堂がある（図7）。東御廟所には六代忠房の正室が（貞享三年〈一六八六〉没）まず葬られ、以後島原初代藩主忠房（元禄一三年〈一七〇〇〉没）を初めとし歴代藩主が葬られるようになる。忠房と正室の墓塔は、流造の屋根となる神社建築を模した墓塔で他に類を見ない（図8）。以後の歴代藩主も同規模、同型式の墓塔が幕末まで造営されるため、墓塔の型式については忠房の趣向がその後の藩主の墓塔にも強く働いていたことがわかる。

さて、深溝松平家墓所の始まりを考える上では、西御廟所での忠利肖影堂の造営時期が問題となろう。建物調査では一七世紀後葉と報告されている（幸田町教育委員会二〇一三）が、この建物と位置関係の深いとされる背後にある亀趺碑の造塔年代が万治三年（一六三〇）となるため、当初の肖影堂の造営年代も万治三年に近い時期と考えられる。ちなみに、亀趺碑の石材は地元の岡崎産花崗岩ではなく、碑に記載されているとおり伊予（瀬戸内）産花崗岩であろう。よって、松原氏が説くように吉田藩より福知山藩に移封となった忠房が、先祖の地に墓所を造ることを決めたこと（松原編二〇一〇）が、亀趺塔からわかる。そして、忠房が忠利の正式な墓所を本光寺とし、木造の御霊屋を新たに造営し、あわせて埋葬地のよくわからない戦国時代の武将である四代までの供養塔を整備し、以後の深溝松平家の墓所としたのである。さらに、忠房以下歴代藩主の典型的な近世大名墓の出現は、東御廟所の成立以降であることが判明し、近世大名の墓所成立過程を知るうえでの一例として注目される。残念ながら忠利が吉田で没した墓所の状況がわかる資料は残っていないが、大型の石造塔ではなかったと思われる。

板倉氏は家康の代に京都所司代を勤めた勝重（寛永元年〈一六二四〉没）を輩出した家柄であるが、長男重宗も勝重の跡を継ぎ京都所司代に任ぜ

図７　本光寺５代松平忠利肖影堂

図８　本光寺６代松平忠房墓石

られ、その後幕府の要職につき明暦二年（一六五六）に下総関宿城で没した。重宗の弟重昌は島原の乱の責任者として出陣するも、寛永一五年（一六三八）に戦死する。これら板倉家草創期藩主の墓所は、戦国時代よりの板倉家の領地であった西尾市長圓寺にある。

江戸時代前期に創建されたといわれる木造の肖影堂（図９）には、藩祖板倉勝重の御像が祀られているという（松井直樹氏提供資料）。肖影堂の西側には長男重宗と正室（寛文八年〈一六六八〉没）の駒形墓塔が並んであり、正室の墓塔は地元岡崎産花崗岩であるのに対して、重宗の墓塔は畿内産花崗岩である可能性が高い（図10）。重宗よりも先に没している重昌の墓塔は、重宗の墓塔と同じ駒形墓塔であるが地元産花崗岩製である。位置も肖影堂より見ると重宗の墓塔よりも離れている。つまり、板倉家墓所の成立は重宗が先祖の地を板倉家代々の墓所として決め、まず父勝重を祀る肖影堂を建立し、先に亡くなった正室の墓を肖影堂の脇に設け自己の墓の位置を決め、少し離れた場所に弟重昌の墓塔も造営したと思われる。

深溝松平家と板倉家の墓所について紹介したが、どちらも藩祖を肖影堂に祀り、墓所の象徴としている。肖影堂下に藩祖の遺体を葬ったかはわからないが、木造の御霊屋をまず造り、墓所の造営を決めた藩主の墓を石造塔とすることも共通の要素で、御霊屋の造営時期が一七世紀前～中葉、石塔墓は一七世紀後葉に造塔時期があることに注目しておきたい。

図９　長圓寺初代板倉勝重肖影堂

図10　長圓寺２代板倉重宗墓塔

尾張藩主徳川義直・光友墓所　冒頭でも述べたとおり尾張徳川家は御三家筆頭の家柄で、徳川将軍家に次ぐ家格の大名墓である。初代義直（慶安三年〈一六五〇〉没）の墓所は瀬戸市定光寺に良好に残っている。定光寺は名古屋城から見て北東方向の地にあり、江戸城と家康廟のある日光との関係を模したような場所にある。本堂東の山上にあり、まず参道途中に獅子門があり、さらに長大な参道の先に墓所がある。墓所の門や拝殿（焼香殿）、宝蔵、唐門などの木造建物や瓦葺土塀など当初の施設がすべて残り、初期大名墓の構造を知るうえで貴重な事例となっている。墓塔は地元石材の鵜沼石と呼ばれる砂岩製の漢碑系弧頭板碑形墓塔とされ、底径八・五メートル、高さ二・九メートルを測る円墳の上にたっている（図11・12）。記録では義直の遺命により墓は儒教式とし、帰化人陳元贇の設計により、承応元年（一六五二）に主要部が完成したことがわかっている（野澤二〇一三）。

墓碑の型式と土盛りの円墳上にある様式は明ら

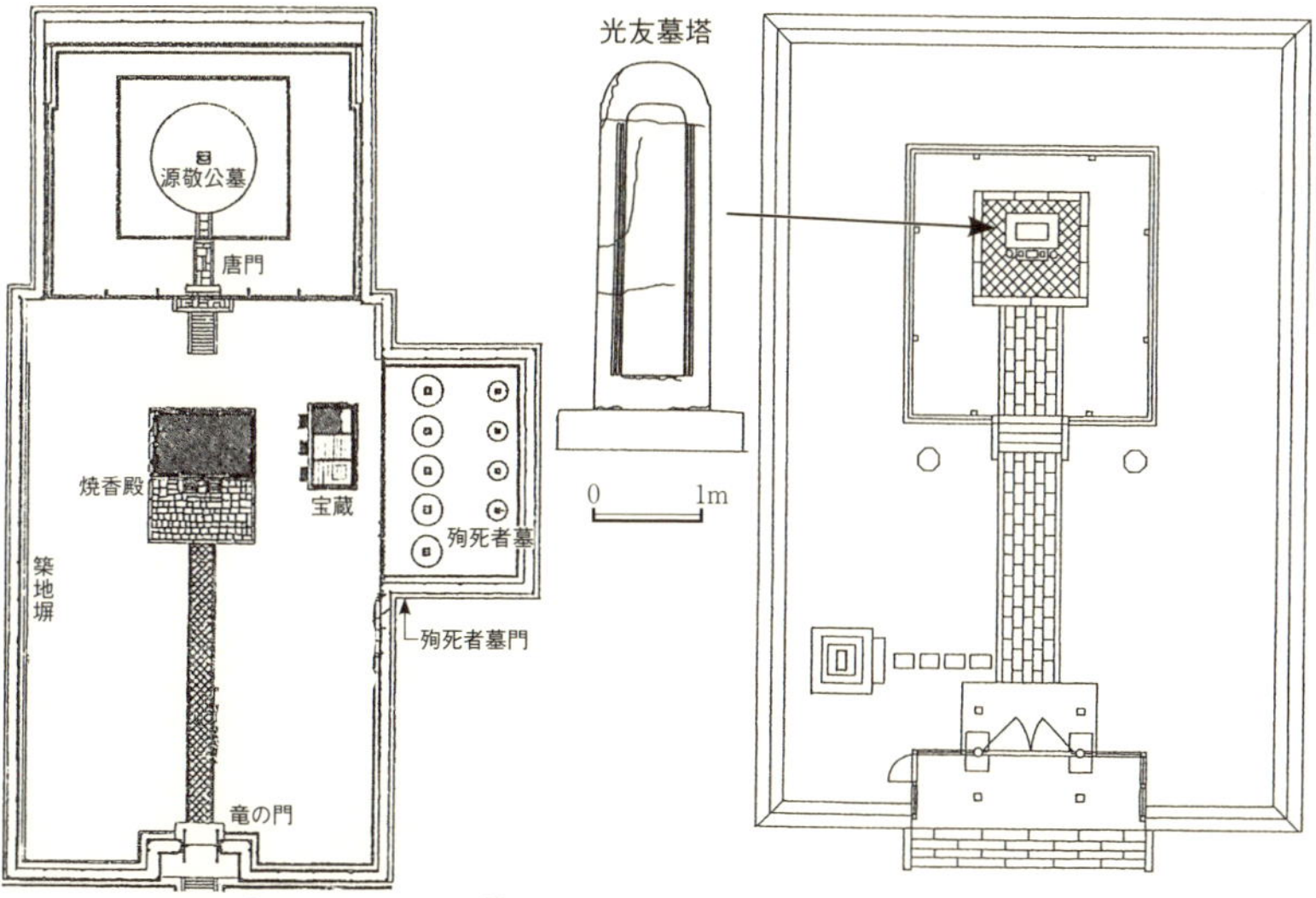

図11　徳川義直（左）・光友（右）廟平面図（愛知県2006、野澤2013より加筆引用）

かに儒教式の墓と見られるが、顕彰碑である亀趺碑はない。拝殿である焼香殿や墓所の正門である唐門、築地塀なども近世大名墓の原型となる施設が揃っている点も注目される。また、建物の屋根には銅製の鯱瓦、金泊の張られた飾金具、築地塀の外部の壁には瓦が、内部は織部の緑色瓦が塗り込められており、将軍家の家康や秀忠廟所に次ぐ、近世大名墓としては極めて技巧的で豪華な造りとなっている。

墓所東部には土盛りの上に墓塔のある儒教式の殉死墓があり、柵により囲まれ別の小さな門からの出入をするような構造となっている。殉死墓は東海地域の他の大名墓では確認されないので、義直墓所が管見で知る限り唯一の事例となっている。

図12　定光寺徳川義直墓

二代光友（元禄一三年〈一七〇〇〉没）の墓は、名古屋城下町の建中寺に造営され、以後尾張藩主の墓所は建中寺となる。名古屋空襲のため光友以外の墓は現在建中寺にはなく、名古屋市平和公園墓地や小牧市小牧山城などに分散した。光友墓は義直塔からの系譜を引く鵜沼石の砂岩製弧頭板碑形墓塔がたてられているが、石柵に囲まれた切石基壇の上にあり、築地塀に囲まれた内部には拝殿や宝蔵などの建物はなく、義直墓所と比べると極めて簡素な墓所で、墓塔以外儒教の影響は失われている（図11）。つまり、初代の義直墓は徳川宗家の家康廟と同じ藩祖の墓所として特別な意味があり、定型的な歴代藩主墓は石塔墓である光友墓から確立したことがわかる。

岩村藩主墓所　岩村初代藩主大給松平家乗（慶長一九年〈一六一四〉没）の墓は乗政寺墓地に定められ、寛永一五年（一六三八）二代乗寿が浜松藩へ移封となると、代わりに丹羽氏信が入封し、正保三年（一六四六）に当地で没すると引き続き乗政寺墓地に丹羽家の墓所が造営された。上屋は失われているが、松平家乗、丹羽氏信のいずれもが花崗岩の石積みの基壇をもつ木造の御霊屋墓（図13）で、氏信墓の傍らにある寛永一九年（一六四二）に没した正室の墓所と二代藩主の氏定（明暦三年〈一六五七〉没）も氏信と同規模の基壇となる御霊屋墓であった（恵那市教育委員会二〇一三）。

岡崎産花崗岩製の板碑型石塔墓になるのは、丹羽氏定の子氏純が延宝二年（一六七四）に没した後のことで（図14）、一七世紀後葉に木造の御霊屋墓から石塔墓に変化する近世大名墓の一例としてあげられる。ちなみに、松平家乗の御霊屋は正徳三年（一七一三）、丹羽氏信と正室、氏定の御霊屋は享保一一年（一七二六）に朽ち果てていたため、上屋を撤去して、その基壇に小さな石塔をたてた経緯が石塔に刻まれている。氏純の代に御霊屋から石塔墓に変えた理由はよくわからないが、木造御霊屋の維持管理に費用がかかること、氏純の墓石の背後に土盛があることから、藩主の意向で儒教墓に変えた理由が考えられ、おそらく後者の可能性が高いと見ている。ちなみに、元禄一五年（一七〇二）に再び大給松平家が藩主となるが、領地に墓を造ることはなく、江戸寛永寺子院の春性院が岩村藩主松平家代々墓所と定められた。

津藩藤堂家墓所　藤堂家歴代墓所は、藩祖高虎が寛永七年（一六三〇）に亡くなり埋葬された江戸上野寛永寺の寒松院、領国の津市寒松院にもある。なお、高虎の供養塔は伊賀上野の上行寺、京都木津川にもそ

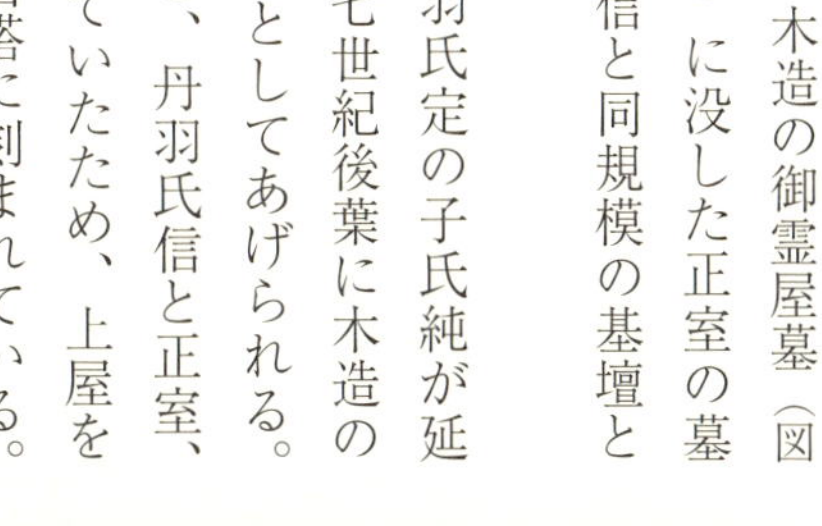

図13　乗政寺跡松平家乗御霊屋跡全景

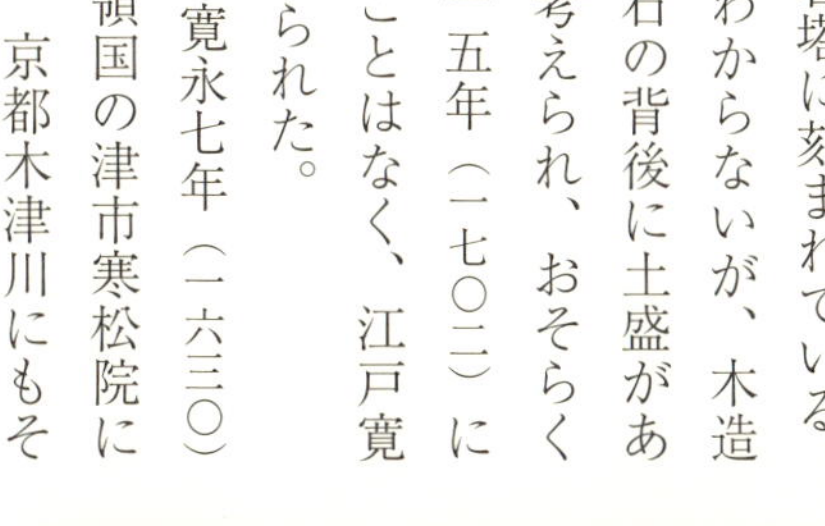

図14　乗政寺跡丹羽氏純墓塔
（背後に土盛あり）

の存在が知られている（津市他二〇〇八）。江戸の寒松院にある高虎の墓塔は、塔身が宝塔形になる伊豆安山岩製宝篋印塔で、以後の歴代藩主も同型式の墓塔で継続される（竹田二〇一四）。

津市寒松院の高虎墓塔は、高さ四メートルにもなる巨大な五輪塔である（図15）。この五輪塔は木柵をもつ基壇の上にたてられており、花崗岩製である。また、高虎墓塔隣にある慶安元年（一六四八）没の正室墓塔についても同形態、同規模の五輪塔である。いずれも返花座にのる五輪塔で、二代高次の返花座の隅弁は跨ぎ、中央に主弁があり隅弁と中央弁が間弁にかぶる中世の山城地域にある五輪塔の返花座の系譜を引く。これに対して高虎、正室の返花座も隅弁は跨ぐが、弁同士の端が被らない複弁三葉になり、こちらも中世の山城地域の五輪塔の系譜を引くものである（図16）。これを手がかりとすると高虎・正室塔と高次塔には時期差があり、高次塔より高虎塔は確実に古くなるが、その造塔時期は正室塔の造営を契機として、領国の津にも分霊塔である高虎塔を二代高次が造営した可能性が考えられるので、領国での藤堂家墓所の造営は一七世紀中葉からとなる。

図15　津市寒松院藤堂高虎墓塔

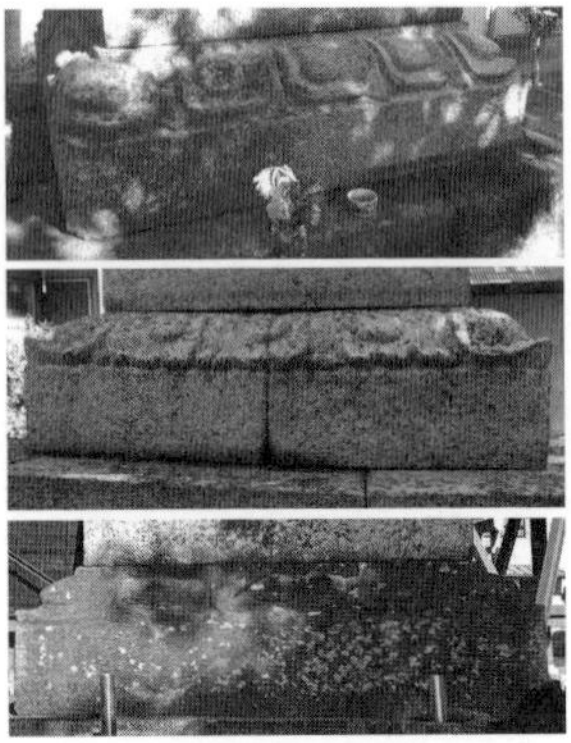
図16　藤堂家墓塔返花座
高虎（上）・高虎正室（中）・高次（下）

四　東海地域ではいつどのような近世大名墓が成立したのか

東海地域の一般的な中世集団墓地の終末時期は一五世紀末葉～一六世紀で、前段階の集石墓の上に石塔をたてるか、石積みを伴わない石塔墓に変遷し、江戸時代には継続しないことがわかった。戦国大名や武将の墓についても、波切九鬼氏一族の墓では中世集団墓地と同じく小型の石塔墓が歴代当主の墓塔として採用されていた。今川氏親・氏輝の墓からは中世石塔の系譜を残す墓塔を、近世初頭に新たに造塔しなおしていたことがわかった。また、九鬼嘉隆墓塔の一部（火・地輪）が造塔当時の慶長五年（一六〇〇）のものであるならば、関ヶ原合戦前後の織豊大名墓は、巨大な石塔や木造の御霊屋からなる近世大名墓とは異なり、中世石塔墓の系譜に連なるものということになる。よって東海地域の戦国～織豊時代の大名墓は、中世石塔の系譜を引く石塔墓であった可能性が指摘できる。

では東海地域の近世大名墓の成立はいつか。撰要寺の慶長一六年（一六一一）没の本多康重塔という ことになるが、他の事例から考えると圧倒的に古くなり、一般的な近世大名墓における大型墓塔の普及時期の基準資料になるとは思えない。今回紹介した近世大名墓の墓塔からは、尾張徳川家の承応元年（一六五二）に完成した義直墓以降が石塔墓の普及時期と思われる。岩村藩主墓でも延宝二年（一六七四）の丹羽氏純からが石塔墓で、それ以前の慶長一九年（一六一四）没の松平家乗から明暦三年（一六五七）没の丹羽氏定の墓は木造の御霊屋墓である。深溝松平家墓所や板倉家墓所についても、藩祖は木造の肖影堂で祀るが、歴代藩主の石塔墓の出現時期は、明暦二年（一六五六）に没した板倉重宗の墓塔が古く、深溝松平忠房の貞享三年（一六八六）没正室の墓塔、さらには慶安元年（一六四八）没の藤堂高虎の正室の墓塔が示したように、石塔墓の普及時期は一七世紀中～後葉ということになる。また岩村藩主の墓が石塔墓になった丹羽氏純墓、徳川義直墓に儒教の影響が見受けられ、儒教と石塔墓の関係も見逃せない。

よって、中世的な石塔墓の最終段階は九鬼嘉隆墓のように関ヶ原合戦前後といえ、石塔墓普及以前の一七世紀前葉の大名墓については、岡崎藩の本多家藩主墓のように少数の大型石塔墓があり、岩村藩松平家乗墓のように木造の御霊屋墓の存在もあげられる。つまり、元和二年（一六一六）徳川家康が没する以前より、石塔墓や御霊屋墓が成立していたことになり、今後慶長年間後半〜元和年間（一六〇五〜二四）の大名墓の解明がまたれる。

以上東海地域の近世大名墓の成立を知るうえでの代表的な事例を検討したが、残念ながら確実な結論を導き出すための比較検討する資料が少ない。さらに、石塔墓には藩主の没年が刻まれるものの、それが墓塔の造立時期にならないことも確認でき、近世石塔型式の詳細な検討をしないと間違った結論を導き出す可能性が指摘できる。考古学の分野から近世大名墓の研究を進める必要性をますます感じた。

【引用・参考文献】

愛知県　二〇〇六『愛知県史別編文化財二』
恵那市教育委員会　二〇一三『岩村城跡基礎調査報告書二』
大須賀町教育委員会　一九八一『撰要寺墓塔群』
幸田町教育委員会　二〇一三『瑞雲山本光寺文化財調査総合報告』
津市・津市教育委員会　二〇〇八『藤堂高虎―その生涯と津の町の発展―』（図録）
竹田憲治　二〇一四「藤堂藩領における藩主・重臣家墓地」『地域社会における刻印―津・伊賀上野と藤堂藩―』清文堂
鳥羽市教育委員会　二〇一一『九鬼義隆―戦国最強の水軍大将―』（図録）
野澤則幸　二〇一三「尾張藩主徳川家墓所」『新修名古屋市史資料編考古２』
松井一明　二〇〇九「東海の中世墓」『日本の中世墓』高志書院
松井直樹　未詳『板倉氏と長圓寺』（資料）
松原典明編　二〇一〇『深溝松平家墓所と瑞雲山本光寺』本光寺霊宝会

＊謝辞　本論をまとめるうえで神取龍生、木村有作、下高大輔、竹田憲治、松井直樹、松原典明、三宅唯美、溝口彰啓の各氏より写真や資料提供を受けました。感謝します。

地域における近世大名墓の成立4

東北

関根達人

一　戦国大名の墓

福島県会津若松市の小田山北麓には、京都御扶持衆として「会津守護」を自称し、伊達家と並ぶ戦国大名となった蘆名家の花見ヶ森墓所があり、一六代盛氏・一七代盛興・一八代盛隆の三基の墓が残されている（市史跡）。何れも人頭大より大きな川原石が、高さ約三メートル、直径約一一・六メートルから九・三メートルの円形に積まれている。『会津藩家世実紀』によれば、墓の上にある別石五輪塔は、会津松平家初代保科正之が寛文五年（一六六五）一二月六日、熱塩加納村半在家にある佐原義連の碑文とともに造らせたもので、築造当初のものではない。

福島県南相馬市原町区北新田字東畑の「御壇」は、新田川北岸の丘陵上に位置し、戦国期に行方郡・標葉郡・宇多郡を支配した相馬氏の墓所である。北新田の御壇には、一二代高胤（一四九二年没）・一三代盛胤（一五二一年没）・盛胤室（一五一七年没）・一四代顕胤（一五四九年没）・顕胤室（一五四八年没）・一七代利胤息女（一六二四年没）の以上六基の塚がある。塚の上には石製の墓標はない。後述するように、江戸時代の中村藩主相馬家の墓所である南相馬市小高区の曹洞宗小高山同慶寺には、一六代義胤（一六三五年没）と一七代利胤（一六二五年没）以降の歴代藩主の墓が営まれており、一六代義胤から二五代祥胤まで歴代当主の墓には別石五輪塔が採用されている。なお、原町区上太田字前田の曹洞宗太田山岩屋寺の裏山の頂には、一一代重胤（一四四〇年没）の御壇と呼ばれる塚がある。

二　近世大名墓の成立

寛永期頃（一六三〇年代）までに死亡した東北地方の主な初代藩主墓について検討する（表1）。

福山（松前）藩　天正一八年（一五九〇）、前田利家の仲介により聚楽第で豊臣秀吉に拝謁し朱印状を得て安藤（秋田）家からの独立を果たした松前慶廣は、慶長九年（一六〇四）、家康から対アイヌ交易に関する独占権を認める黒印状を授かり、初代福山（松前）藩主となった。

慶廣は、元和二年（一六一六）一〇月一二日、福山館で死亡し、曹洞宗大洞山法幢寺に埋葬された。法幢寺の松前家墓所（史跡）には慶廣の別石五輪塔があるが、墓標型式や墓地の造営順序から推定して一八世紀末以降、おそらくは文政四年（一八二一）の復領以降に墓域が整備される過程で建てられたと推定される（関根編二〇一二・関根二〇一三）。法幢寺は延徳二年（一四九〇）に松前大館に建立されたと伝えられ、慶長一一年、松前氏が居城を松前大館から福山館に移したのに伴い、元和五年頃に現在地へ移転したとみられる。慶廣が埋葬されたのは松前大館時代の法幢寺であり、寛永一八年（一六四一）に死亡した二代藩主公廣に始まる現在の法幢寺松前家墓所ではない。松前大館時代の法幢寺の場所は特定できないが、大館北側の将軍山の裾野にある寺跡と伝えられる場所と推測される。

弘前藩　秀吉による奥羽仕置の動きを察知した大浦為信は、天正一七年（一五八九）一〇月頃から鷹

表 1　東北地方の主要な初期近世大名墓

藩名	初代藩主	没年月日	死亡地	種別	所在地	墓所	墓標などの地上施設	備考
福山（松前）	松前慶廣	元和 2 年（1616）10 月 12 日	松前福山館	本葬	松前	曹洞宗大洞山法幢寺（跡）	不明	大館時代の法幢寺、場所不明
				分霊	松前	曹洞宗大洞山法幢寺	別石五輪塔（後世）	
弘前	津軽為信	慶長 12 年（1607）12 月 5 日	京	本葬	弘前	曹洞宗津軽山革秀寺	霊屋内宝篋印塔	
				分霊	弘前	曹洞宗太平山長勝寺	御影堂内木像	
				分霊	高野山	真言宗高野山遍照尊院	宝篋印塔	元和年間造立、現所在不明
				分霊	高野山	真言宗高野山遍照尊院	別石五輪塔	21 回忌造立
盛岡	南部利直	寛永 9 年（1632）8 月 18 日	江戸	本葬	三戸	臨済宗福寿山三光寺	霊屋（内部不明）	元禄 11 年（1698）東禅寺へ改葬
				改葬	盛岡	臨済宗大宝山東禅寺	丘状頭角柱（後世）	元禄 11 年（1698）三光寺から改葬
				分霊	八戸	臨済宗月渓山南宗寺	不明	寛文 6 年（1666）開山、同 11 年現在地へ移転
				分霊	高野山	奥之院	別石五輪塔	花崗岩
仙台	伊達政宗	寛永 13 年（1636）5 月 24 日	江戸	本葬	仙台	経ヶ峯	霊屋（瑞鳳殿）内木像	石室駕籠槨桶棺（木炭・石灰充填）
				分霊	高野山	奥之院	別石五輪塔	一周忌に二代忠宗造立、花崗岩
中村（相馬）	相馬利胤	寛永 2 年（1625）9 月 10 日	中村	本葬	小高	曹洞宗小高山同慶寺	別石五輪塔	
				分霊	高野山	奥之院	別石五輪塔	
白河	丹羽長重	寛永 14 年（1637）閏 3 月 4 日	江戸	本葬	白河	曹洞宗巨邦山大隣寺（跡）	宝篋印塔	丹羽氏移封に伴い二本松へ
				分霊	高野山	奥之院	別石五輪塔	三回忌に二代光重造立花崗岩
会津	蒲生秀行	慶長 17 年（1612）5 月 14 日	会津	本葬	会津若松	真言宗妙覚山弘真院	霊屋内別石五輪塔	
				分霊	熊本	曹洞宗泰平山安国寺	別石五輪塔	
久保田（秋田）	佐竹義宣	寛永 10 年（1633）1 月 25 日	江戸	本葬	秋田	曹洞宗万国山天徳寺	位牌堂	位牌堂は三代藩主義處建立
				分霊	高野山	奥之院	別石五輪塔	2 代藩主義隆造立 花崗岩
山形	最上義光	慶長 19 年（1614）1 月 18 日	山形	本葬	山形	曹洞宗天童山光禅寺	霊屋内別石五輪塔	光禅寺は最上家改易・鳥居忠政入部に伴い七日町から現位置に移転、それに伴い改葬。霊屋は明治 27 年（1894）の大火で焼失。
				分霊	山寺	天台宗宝珠山立石寺	霊屋内厨子（位牌）	1630 年代頃の年代測定値
				分霊	高野山	奥之院	別石五輪塔	
米沢	上杉景勝	元和 9 年（1623）3 月 20 日	米沢	本葬	高野山	奥之院	別石五輪塔	
				分霊	米沢	上杉家御廟所	霊屋内別石五輪塔	明治 9 年（1876）に拝殿・石灯篭撤去

を献上するなど豊臣政権へ働きかけ、惣無事令違反を回避し、秀吉との間で臣従関係を結ぶことに成功した。翌一八年末には北奥羽の大名衆と上洛し秀吉への謁見を果たし、一九年正月頃、領地三万石を安堵する朱印状を拝領、南部氏から独立し、苗字を津軽に改めた。関ヶ原の戦いを経て、徳川政権から四万七千石の領地安堵を受けた為信は、慶長一二年(一六〇七)、京都で病気療養中、一二月五日に山科の来国光宅で死去した。翌年、遺言により為信の遺骨は国元に送られ、津軽家の菩提寺である曹洞宗太平山長勝寺において、為信が生前に師と仰いだ格翁を導師として葬儀が営まれた。その後、二代信枚により、弘前(高岡)城の西方、岩木川の対岸にあった格翁の寺庵の傍らに廟所が営まれ、曹洞宗津軽山革秀寺が建立された。廟所には、死の直前に京都の仏師に作らせた為信の木像が安置されたという。この木像は寛永六年(一六二九)頃、長勝寺に御影堂が建立された際に移された。

革秀寺にある為信の霊屋(重文)は、周囲に土塁を廻らし、岩木山を背に弘前城のある東を向いて建てられている。昭和五〇・五一年に行われた霊屋の修理事業により、弘前藩が蝦夷地警備の勤功により七万石に高直りした文化二年(一八〇五)の修理の際、土塁内側の土塀・唐門の新設、霊屋の塗装の全面的な塗り替え(華美化)、礎石構えから基壇構えへの変更、こけら葺から銅板葺への変更など大規模な改変がなされていることが判明した(文化財建造物保存技術協会編一九七六)。

霊屋は、桁行一間、梁間一間、一重入母屋造で、創建当初は、礎石構、小栩葺で、天井絵も無く塗装はかなり簡素であったとみられる。霊屋の内壁には彩色された四九院塔婆が廻り、笏谷石製の越前式宝篋印塔が置かれている(図1)。宝篋印塔は、基礎石の中央に「當寺開基」の文字に続けて為信の戒名、その左右に没年月日を刻み、宝珠・上請花・中請花・伏鉢・笠の隅飾り・塔身の月輪と蓮座・基礎石の額縁内(縦格子・格狭間)・基壇の反花座に金箔が貼られている。

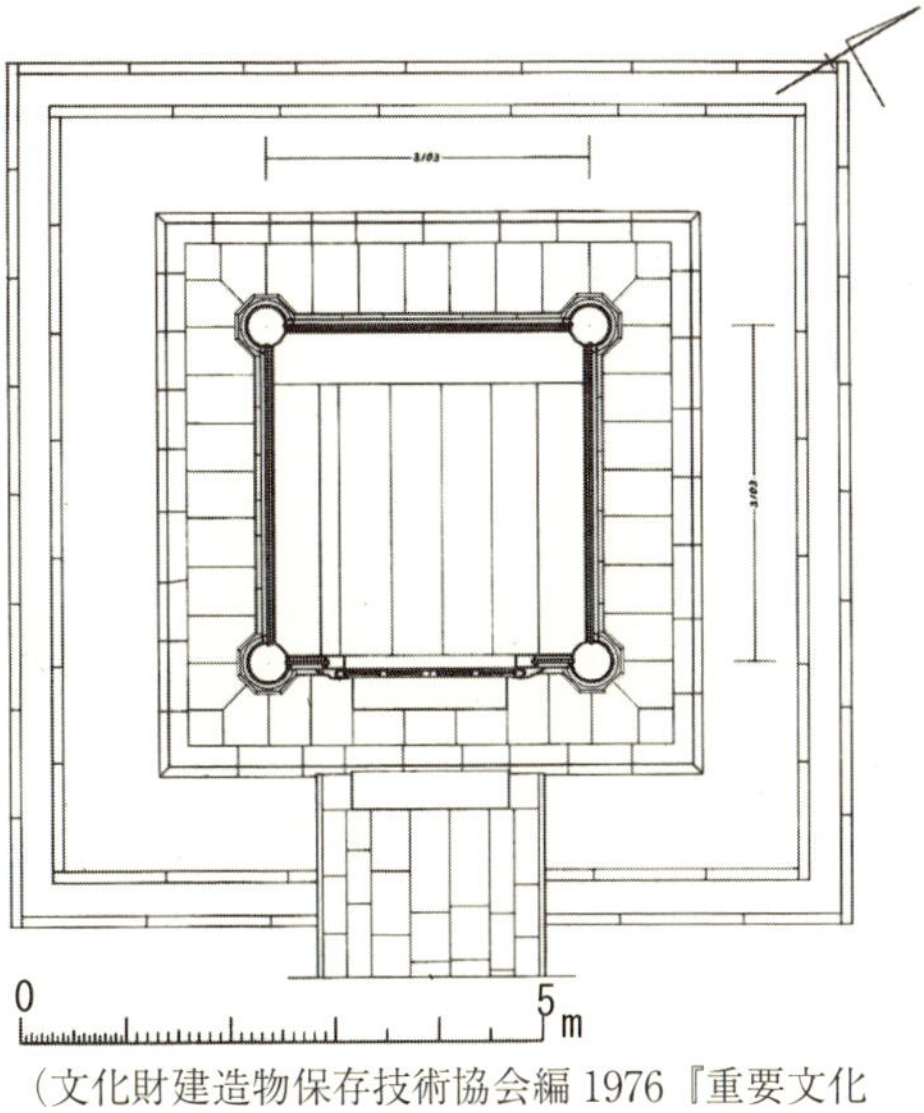

（文化財建造物保存技術協会編 1976『重要文化財津軽為信霊屋修理工事報告書』より転載）

笏谷石製宝篋印塔（筆者実測）

図１　弘前市革秀寺にある弘前藩初代藩主津軽為信の霊屋

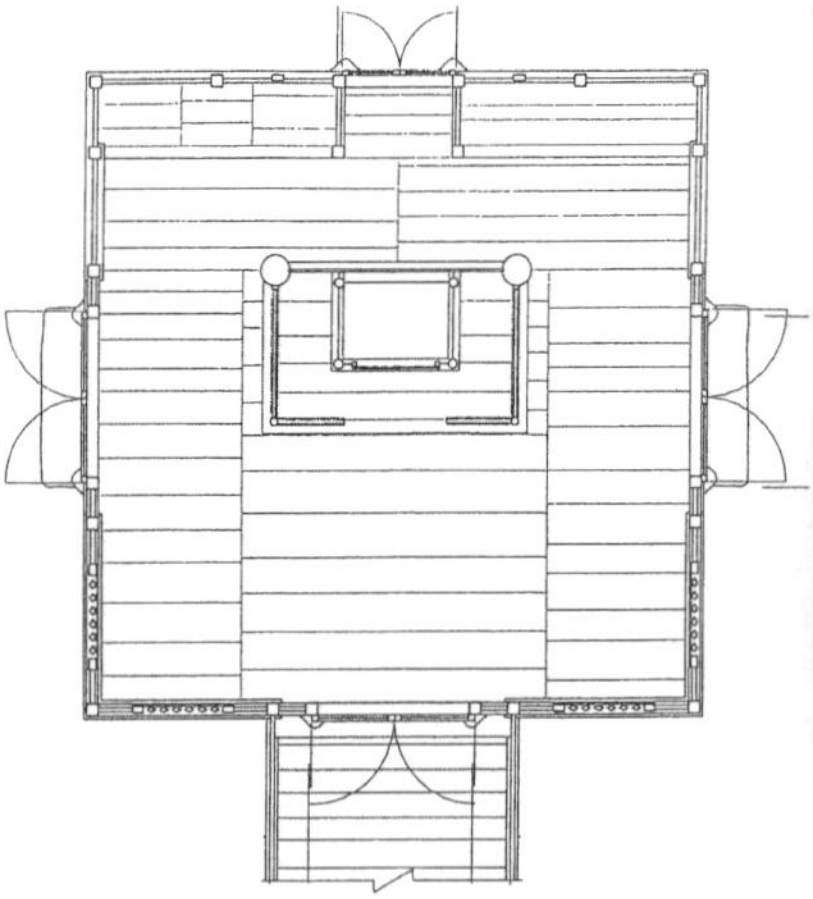

御影堂内部の津軽為信の木像を祀った厨子
（筆者撮影）

（文化財建造物保存技術協会編 2009『重要文化財長勝寺本堂・御影堂保存修理工事報告書』より転載）

図２　弘前市長勝寺にある弘前藩初代藩主津軽為信の御影堂

長勝寺の御影堂（重文）は、桁行三間、梁間三間、一重宝珠造で、内部に為信の木像を祀った入母屋造、木瓦葺の厨子を納める（図2）。御影堂は長勝寺の伽藍が完成した寛永六年（一六二九）頃に建立されたが、平成一六〜二〇年度に行われた修理事業により、革秀寺の霊屋と同じく文化二年（一八〇五）の修理の際に大きく改変されていることが判明した（文化財建造物保存技術協会編二〇〇九）。創建当初の御影堂は栩板葺で、現在位牌堂のある場所に、南向きに建てられていた。その後、御影堂の正面（南側）には環月台（為信室戌姫本葬墓）・碧巌台（二代藩主信枚分霊墓）・明鏡台（信枚室満天姫本葬墓）・白雲台（三代藩主信義分霊墓）・凌雲台（六代藩主信著本葬墓）の五棟の霊屋（重文）が営まれている。藩祖為信の御影堂は、長勝寺の津軽家墓所において、弘前城を背にして「扇の要」に位置しており、長勝寺に津軽家の墓所を造営するにあたり、最初に祀るべき重要な装置であった。

津軽為信の霊屋と御影堂は、東北最古の藩主墓で、本葬墓と分霊墓の関係が判る貴重な事例である。

盛岡藩　天正一五年（一五八七）前田利家の仲介により豊臣大名となった南部信直は、同二〇年、豊臣政権から南部の所領（糠部郡・閉伊郡・鹿角郡・久慈郡・岩手郡・紫波郡・遠野保）に和賀郡・稗貫郡を加えた一〇万石の所領を安堵された。慶長四年（一五九九）、信直は福岡城（旧九戸城）で没し、南部氏がかつて本拠とした聖寿寺館跡の三光寺に葬られた。青森県南部町の臨済宗妙心寺派福寿山三光寺には信直と信直の後室慈照院（泉山古康女）の宝篋印塔二基（町史跡）、信直の長男で初代盛岡藩主南部利直の霊屋（県重宝）、利直の四男利康の霊屋（重文）がある。

初代藩主利直は、寛永九年（一六三二）、江戸外桜田の上屋敷で没した。遺体は国元に運ばれ、臨済宗妙心寺派大宝山東禅寺の大英を導師として葬儀を営み、父信直と同じ三光寺に埋葬し、霊屋が建てられた。三光寺の利直霊屋（県指定文化財）は単層宝形造で、内壁には四十九院塔婆がめぐる。元禄一一年

（一六九八）、三光寺から盛岡城下の東禅寺に改葬された利直の墓には、丘状頭角柱形の墓標がある。三光寺には利直の死の一月後に殉死した岩舘右京義矩の墓標（町指定有形文化財）がある。利直の一周忌に高野山奥之院に建てられた分霊墓は花崗岩製の別石五輪塔で、「大坂 石屋 甚左衛門」の銘文を有する。大坂の石屋甚左衛門は、高野山奥之院の二代将軍徳川秀忠室五輪塔（一六二七年）の「泉州黒田村 石作甚左衛門」、江戸芝増上寺の徳川秀忠廟（一六三二年）の本殿床下石の「石屋甚左衛門重正」から、和泉国鳥取荘黒田（阪南市）出身の泉州石工とみられる（天岸一九七二）。

寛文六年（一六六六）には、初代八戸藩主南部直房が父利直の菩提を弔うため、盛岡の東禅寺から東巌和尚を招いて臨済宗月渓山南宗寺（山号と寺名は、利直の法名に由来）を八戸に開山している。当初八戸市内の類家に建てられた南宋寺は、寛文一一年（一六七一）に現在地に移転した。類家にあった南宋寺に、直房の父であり、八戸の町割りを行った利直の分霊施設があった可能性は高い。

なお、寛永八年（一六三一）に二四歳で病死した四男利康のために利直が三光寺に建てた霊屋は、東北地方を代表する霊廟建築として知られる。霊屋は、桁行正面三間、背面二間、梁間二間、一重入母屋造、向拝一間、こけら葺で、内部は床板が貼られ、背面寄りに仏壇を構える（重要文化財南部利康霊屋修理委員会編一九六八）。現在仏壇には利康と殉死した八木橋藤十郎武茂の位牌があるが、本来は三戸町正智院所蔵の利康の位牌（県重宝）があったとされる。

仙台藩　仙台藩六二万石の初代藩主伊達政宗は、寛永一三年（一六三六）五月二四日卯刻、江戸外桜田の上屋敷で七〇年の生涯を終えた。遺体は束帯姿に改められ、柩には水銀・牡蠣灰・塩が詰められた。柩を納めた乗物は戌刻には国元を目指して江戸を発ち、六月三日には仙台城下の臨済宗妙心寺派遠山覚範寺に入った。覚範寺は、政宗の父輝宗の牌寺で、母保春院の廟所であった。覚範寺に安置された遺骸は三日後に経ヶ峯に埋葬され、その後、葬礼の行われる二三日までの間、覚範寺で中陰の法要が行われ、その間、直臣一五名、陪臣五名が殉死した。葬礼では、政宗や殉死者の空の柩を中心に千人を超す人々が覚範寺から葬礼場まで人々が見守るなか葬列をなし、そこで空の柩が荼毘に付され、灰塚（浄土宗増上山大願寺境内の「伊達政宗の灰塚」）が築かれた（小林二〇〇七・二〇〇九）。

埋葬地である経ヶ峯には翌年、瑞鳳殿廟と香花院瑞鳳寺が落成した。瑞鳳殿（旧国宝）は、涅槃門・拝殿・唐門・本殿が東西軸上に西向きに並び、南側に御供所、北側に「暫屈」と呼ばれる建物があり、厩や鐘撞堂も設置されていた。本殿は、三間四方、宝形造り・銅板葺きで、床は三和土で四半石敷。内部後方に二本の来迎柱があり、来迎壁の背面には二十五菩薩来迎図が描かれ、壁の前には石壇が組まれ、その上に衣冠束帯姿の政宗の木像を納めた厨子が置かれた。戦災で焼失した瑞鳳殿の再建に先立ち行われた発掘調査により、本殿下の石室内から多数の副葬品とともに棺桶の入った駕籠が発見された（伊東編一九七九）。なお、本殿の両側には殉死者の分霊墓である宝篋印塔が家格順に並んでいる。

政宗の一周忌に二代忠宗が高野山奥之院に造立した分霊墓は、花崗岩製の別石五輪塔で、周囲に石玉垣を巡らし正面に石鳥居を置く。五輪塔の前には石灯篭一対、三方を殉死者の五輪塔二〇基が取り囲む。五輪塔の地輪には「此石塔大工左内」「此時奉行田中金右衛門」の銘文がある（天岸一九七二）。

中村（相馬）藩　関ヶ原の戦いの際に佐竹氏の麾下にあった相馬氏は、慶長七年（一六〇二）、一旦改易された直後、旧領六万石が安堵され、慶長一一年には本拠を小高城から中村城に移した。初代藩主利胤は、寛永二年（一六二五）九月一〇日、中村で死去し、小高の曹洞宗小高山同慶寺に葬られた。同慶寺にある藩主墓のうち、利胤から九代藩主祥胤までの墓は別石五輪塔で、二代藩主義胤の墓のみ霊屋に覆われ、石灯篭を伴う（図3・4）。高野山奥之院には花崗岩製の別石五輪塔が立つ利胤の分霊墓がある。

白河藩　寛永四年（一六二七）、奥州棚倉から五万石の加増を得て一〇万石で白河に移封された白河藩初代藩主丹羽長重は、寛永一四年、江戸外桜田の上屋敷で死亡し、白河城の南方「小南湖」と呼ばれる沼沢に面する場所にあった丹羽家の菩提寺曹洞宗巨邦山大隣寺（丹羽家移封に伴い二本松に移転）に埋葬された。丹羽長重の墓は、東西約三メートル、高さ約六〇センチメートルの方形基壇上に、一辺二メートル、高さ二六センチメートルの基礎を据え、その上に高さ四、三メートルの宝篋印塔を置いている（白河市教育委員会二〇一二）。宝篋印塔には正面に、禅語の「万里一條鐵」の文字を刻む（図5）。墓塔の前面

図３　相馬中村藩初代藩主相馬利胤の墓
（福島県南相馬市小高区同慶寺）

図４　相馬中村藩２代藩主相馬義胤の霊屋
（福島県南相馬市小高区同慶寺）

には二百回忌に当たる天保七年（一八三六）に再建された入母屋造りの拝殿（市指定文化財）があり、拝殿の前と拝殿と墓塔の間には石灯篭が置かれている。高野山奥之院にある分霊墓は、長重の三男で白河藩二代藩主（二本松藩主）光重によって三回忌に建てられた花崗岩製の別石五輪塔である。

久保田（秋田）藩　天正一七年（一五八九）、北の伊達政宗、南の北条氏直に挟まれ窮地に陥った佐竹義重は長男義宣に家督を譲るも、豊臣政権下で常陸国五四万石を安堵された。徳川政権下、佐竹氏は出羽国久保田二〇万石に減封された。六郷城で反佐竹一揆の対応に当たっていた義重は、慶長一七年（一六一二）四月一九日に死亡し、秋田市楢山にあった曹洞宗万国山天徳寺に埋葬されたが、翌年、義宣が父義重の菩提を弔うため秋田市手形に闐信寺を建立し、そこに改葬された。闐信寺の霊屋（再建）内には、義重の大型木製板碑型墓碑が納められている[1]（図6）。

図５　白河藩初代藩主丹羽長重の墓
（福島県白河市大隣寺跡）

慶長四年、高野山奥之院に義重が建立した霊屋（重要文化財）は、正面三間、背面・側面一間、単層切妻造、平入、檜皮葺で、四十九院塔婆を壁とし、内部は石敷きで、義重の逆修塔を中心に五基の砂岩製宝篋印塔が安置されている（図7）（天岸一九六一）。義重は没後、佐竹家の菩提寺である高野山清浄心院に分骨されており（慶長一七年五月一六日「佐竹義宣書状」寺所蔵文書）、逆修を目的として建てられた霊屋が

図７　佐竹義重の霊屋
（高野山奥之院）

図６　佐竹義重の
大型木製板碑型墓碑
（秋田市闐信寺）

図８　久保田藩主佐竹家の霊屋
（秋田市天徳寺）

分霊墓に変わった可能性がある。

初代久保田藩主佐竹義宣は、寛永一〇年（一六三三）一月二五日、江戸神田屋敷で死去し、国元の天徳寺に葬られた。天徳寺にある佐竹家の霊屋（重要文化財）は、義宣の火葬墓の上に二代藩主義隆の発願により建造され、寛文一二年（一六七二）、三代藩主義処の時に落成した（図8）。方三間、入母屋造、妻入、向拝一間、軒唐破付の位牌堂で、唐破風造の前殿が附属する（村上一九九〇）。内部は奥一間を内陣として位牌壇を設け、外陣は畳敷きとなる。位牌壇には佐竹氏の祖である源義光の位牌を中心に、歴代の当主と室の位牌が置かれている。延宝元年（一六七三）銘の華鬘をはじめ、和幡・常華が残されており（佐竹史料館蔵）、霊屋内はこれらによって荘厳されていたとみられる。なお、高野山奥之院の佐竹家霊屋の傍にある義宣の花崗岩製別石五輪塔は、義隆によって建てられた義宣の分霊墓である。

山形藩　山形藩五七万石の初代藩主最上義光は、慶長一九年（一六一四）一月一八日、山形城で死去し、城下の曹洞宗天童山光禅寺に葬られた。光禅寺は最上家改易・鳥居忠政入部に伴い七日町から現在地に移転し、義光と殉死した四名の家臣の墓も改葬された。義光の別石五輪塔を覆っていた霊屋は、明治二七年（一八九四）の大火で焼失した。山寺の名で知られる天台宗宝珠山立石寺の境内、中性院の向いには、義光やその二男で二代藩主の家親の位牌を祀った厨子を納めた霊屋がある。近年、山形大学の永井康雄氏らの研究グループが建築部材の年代を測定し、厨子は一六〇七～二三年頃、霊屋は一六二〇～五一年頃と判明した。義光の分霊墓としては、高野山奥之院にも別石五輪塔がある。

米沢藩　慶長六年（一六〇一）、会津九〇万石から米沢三〇万石に減封された上杉景勝は、元和九年（一六二三）三月二〇日米沢城で死去した。三月二八日、景勝の遺骸は「城西ノ郊原」で火葬され、四月二〇日、遺骨は高野山へ移送され、一条院に高野山内廟所の管理と追福が命じられた。一方、米沢では景勝の死を契機として、謙信の遺骸避難所として確保されていた武器屋敷に、景勝の遺灰や衣冠を納める廟所の造営が始まり、翌年の五月二〇日に二代藩主定勝の参拝が行われた。一七回忌に当たる寛永一六年（一六三九）には、景勝廟所の柵が侍組・三手組によって修復されている。国元での法要は、米沢城二の丸にあった上杉家の菩提寺の真言宗八海山法音寺によって行われた。

明治九年（一八七六）、米沢城跡本丸東南隅の高台にあった謙信廟を景勝以降の歴代藩主の廟所の中心に一段高く移築するにあたり、上杉家廟所は大きく改変された。即ち、文化一四年（一八一七）の「御廟所絵図」と現況との比較や平成六年から開始された保存修理事業に伴う調査によって、歴代藩主の廟所参道の両側・裏側（北側）に建立されていた石灯篭が謙信廟（閟宮）の基壇や柵の礎石、参道の敷石に転用されていることが判明している（上杉家二〇〇四・二〇〇八）。

景勝廟は本来独立した基壇の上に別石五輪塔を納めた一間四方の入母屋造の霊屋があり、正面に拝殿と両側に石灯篭が並ぶ参道を有していた。霊屋の内壁には四九院塔婆が廻る。謙信廟（閟宮）の移築・造営に伴い、拝殿と石灯篭は撤去され、参道は西側を移設した上、三代・五代・七代・九代の霊廟と同一の基壇に改変された。平成の保存修理工事の際、謙信廟の柵礎石の中から、寛永一八年（一六四一）年三月吉祥日に仁科越中守が景勝廟に奉献した石灯篭の竿石が発見されている。

会津藩　天正一八年（一五九〇）、奥州仕置により伊勢から会津に四二万石で移封された蒲生氏郷は、その後加増で九二万石を領し、従三位参議に叙せられたが、文禄四年（一五九五）二月七日、伏見で死亡した。氏郷は京都大徳寺昌林院に埋葬され（昌林院が廃寺となったため黄梅院に）、遺髪を納めた分霊墓が会津若松市の臨済宗瑞雲山興徳寺に造営された。現在、興徳寺にある氏郷墓（市指定有形文化財）は、低いマウンドの上に別石五輪塔が立っているが、文禄五年七月一二日の年記銘のある蒲生氏郷御霊屋棟札には、蒲生秀行が亡き父の菩提供養のために御霊屋を建て、なかに無縫塔を安置したと記されている。霊屋は戊辰戦争の際に焼失した。無縫塔から五輪塔に変えられた時期は不明である。

氏郷の死後、家督を継いだ秀行は、お家騒動の責任を問われ、慶長三年（一六九八）、秀吉の命で大減封のうえ下野宇都宮に移封させられたが、関ヶ原の戦いに際し上杉景勝の軍を牽制した功績が認められ、旧上杉領から六〇万石を与えられ、会津に復帰した。初代藩主秀行は慶長一七年五月一四日、会津で死去し、秀行の長男で二代藩主となった忠郷により会津若松城下の真言宗妙覚山弘真院（秀行の法号に由来）が建立され、そこに葬られた。秀行の本葬墓には、高さ二・七メートルの別石五輪塔（市史跡）が建てられ、それを入母屋造の霊屋（県指定文化財）が覆っている。なお、熊本市横手にある曹洞宗泰平山安国寺の本堂の裏手には、蒲生秀行の供養塔（別石五輪塔）がある。安国寺の前身弘真院（秀行の法号に由来）は、徳川秀忠の養女として熊本藩二代藩主加藤忠広に嫁いだ秀行の三女崇法院により父の菩提を弔うために建立されており、供養塔は秀行の分霊墓とみなしてよいだろう。

結びにかえて

以上、寛永期以前に死亡した東北地方の初期近世大名墓は、墓の造営地や本葬地の地上施設だけに限ってみても、それ以降の大名墓に比べ非常に多様性に富んでいる。また、戦国大名の墓標のない塚墓とは全く異なる墓制で、両者の間に系統性は認めがたく、戦国から近世への断絶が際立っている。

【註】

（1）大型木製板碑型墓碑は、天徳寺にある三代藩主義処の側室清子（一六九一年没）の霊屋内にもある。

【引用・参考文献】

天岸正男　一九六一「紀伊国高野山佐竹家廟とその墓碑」『史迹と美術』三一（六）、スズカケ出版部
天岸正男　一九七二「奥院『石工』名集録」『史迹と美術』四二（七）、スズカケ出版部
伊東信雄編　一九七九『瑞鳳殿 伊達政宗の墓とその遺品』、瑞鳳殿再建期成会
上杉家　二〇〇四『史跡米沢藩主上杉家墓所保存修理工事報告書』上巻
上杉家　二〇〇八『史跡米沢藩主上杉家墓所保存修理工事報告書』下巻
加藤貞仁　二〇〇六『とうほく藩主の墓標』、無明舎出版
小林義孝　二〇〇七「伊達政宗の葬墓（上）」『大阪文化財研究』三一、（財）大阪府文化財センター
小林義孝　二〇〇九「伊達政宗の葬墓（下）」『大阪文化財研究』三四、（財）大阪府文化財センター
白河市教育委員会　二〇一二『白河藩大名家墓所調査報告書』、白河市埋蔵文化財調査報告書六三
重要文化財南部利康霊屋修理委員会編　一九六八『重要文化財南部利康霊屋修理工事報告書』
関根達人　二〇〇二「近世大名墓における本葬と分霊」『歴史』九九、東北史学会
関根達人編　二〇一二『松前の墓石から見た近世日本』、北海道出版企画センター
関根達人　二〇一三「松前藩主松前家墓所」『事典墓の考古学』、吉川弘文館
南部町教育委員会　二〇〇二『聖寿寺館跡発掘調査報告書』Ⅷ、南部町埋蔵文化財調査報告書一二
文化財建造物保存技術協会編　一九七六『重要文化財津軽為信霊屋修理工事報告書』
文化財建造物保存技術協会編　二〇〇九『重要文化財長勝寺本堂・御影堂保存修理工事報告書』
村上訒一　一九九〇『霊廟建築』、日本の美術二九五、至文堂

あとがき

林立する巨大な五輪塔や宝篋印塔が近世大名墓の典型的なイメージである。また、大名の頂点ともいえる徳川将軍家の墓は廟所と呼ばれ、埋葬地に木・石・銅製宝塔が建立されるだけではなく、拝所としての拝殿が設けられる構造となる。こうした近世大名墓はいかにして成立したのであろうか。

私たち、大名墓研究会は大名の墓所を考古学的に研究しようと結成した研究者の集いとして誕生した。当初はただ各地の発掘調査事例を報告していただくにとどまっていた。そうした事例報告から、包括的な分析が急務となり、第五回の研究集会ではシンポジウムを開催することとなった。そのテーマとしたのが、近世大名墓の成立であった。

シンポジウムではこの大きなテーマに対する明確な解答を得ることはできず、かえって課題が山積みとなる結果に終わったが、それはそれで、今後の大名墓研究の方向を示すものとして評価できるのではないかと勝手に納得し、次年度以降も研究集会を続ける意義を感じていた。

そんな時にシンポジウムで記念講演を賜った坂詰秀一先生から、シンポジウムの報告と、討論の内容を本にしてはどうかという、ありがたいお言葉を頂戴したのである。もとより課題のみが山積したシンポジウムではあったが、それを活字化し、今後の研究の踏み台にしてもらう意味は充分にあるのではないかとお引き受けさせていただいたのが、本書刊行の経緯である。

さらにせっかくの活字の機会であるので、シンポジウムの記録だけではなく、今回新たに原稿を依頼した。シンポジウムでは豊臣秀吉、徳川家康の墓所を取り上げたが、信長がどのように葬られたのかも検討する必要があり、加藤理文氏に織田信長の墓についてまとめていただいた。また、江戸における大名墓の成立は、各地の大名墓成立に大きく影響を与えたのではないかという想定より、今野春樹氏に江戸の状況をまとめていただいた。各地の大名墓の成立過程については、九州地方の状況を美濃口雅朗氏・野村俊之氏に、中四国地方の状況を乗岡実氏に、東海地方の状況を松井一明氏に、東北地方の状況を関根達人氏にそれぞれ執筆いただいた。

最後に考古学は遺構と遺物という「モノ」から歴史を探る学問である。その「モノ」自身は自ら話すことはできない。われわれ考古学研究を志す者がその代弁者となって歴史を語らしめるのである。しかし、近世という時代は膨大な文字の時代である。大名墓も文献史料なしに研究することはできない。今回は文献に関して岩淵令治氏に鳥取藩の事例を中心として分析していただいたが、今後も文献史学と手を携えて研究に努めたい。ただ、研究会の中心は近世大名墓を様々な視点から、考古学的手法によって分析することにある。

大名墓の研究は単に墓の研究にとどまらず、近世の家制度や身分制度を分析する資料でもあり、出土した遺物からは江戸時代の文化や芸術を分析する資料としても注目されるものであることはまちがいない。今回のシンポジウムの記録や、これまでの研究集会の成果が、将来の研究の指針となれば幸いである。

なお、文末ではありますが、シンポジウムの活字化に際して、原稿をお願いしたところ快くお引き受け下さいました発表者の皆様、さらには今回新たに原稿を書き下ろしてくださいました皆様に対して、心よりお礼を申し上げて結びの言葉とさせていただきます。

中井　均（大名墓研究会代表）

執筆者紹介（掲載順）

坂詰 秀一　立正大学名誉教授
狭川 真一　公益財団法人 元興寺文化財研究所・大名墓研究会
加藤 理文　大名墓研究会
中井　均　滋賀県立大学教授・大名墓研究会代表
松原 典明　石造文化財調査研究所代表・大名墓研究会
岩淵 令治　学習院女子大学教授
溝口 彰啓　静岡県埋蔵文化財センター・大名墓研究会
今野 春樹　日本考古学協会会員・相模原市文化財保護課
美濃口 雅朗　九州近世大名墓研究会
野村 俊之　九州近世大名墓研究会
乗岡　実　岡山市教育委員会
松井 一明　大名墓研究会
関根 達人　弘前大学教授

2014年10月25日　初版発行　《検印省略》

近世大名墓《きんせいだいみょうぼ》の成立《せいりつ》

―信長《のぶなが》・秀吉《ひでよし》・家康《いえやす》の墓《はか》と各地《かくち》の大名墓《だいみょうぼ》を探《さぐ》る―

編　者　大名墓研究会（代表：中井 均）

発行者　宮田哲男

発行所　株式会社　雄山閣

〒102-0071　東京都千代田区富士見2-6-9

TEL 03-3262-3231　FAX 03-3262-6938

振 替 00130-5-1685

http://www.yuzankaku.co.jp

印刷　ティーケー出版印刷

製本所　協栄製本株式会社

N.D.C. 210　181p　21cm

ISBN978-4-639-02328-9　C0021